Elogios a
EL MENSAJERO MILLONARIO

"Todos tenemos una historia y un mensaje que puede inspirar a otros a vivir una vida mejor o a manejar mejor un negocio. El libro de Brendon Burchard es prueba de ello y muestra cómo usted puede compartir su mensaje para hacer el bien y, al mismo tiempo, obtener ingresos. Este libro lo ayudará a cambiar muchas vidas".

—Marci Shimoff, autor de los bestsellers en el
New York Times Feliz porque sí y
Sopa de Pollo para el alma de la mujer

"La industria de los expertos en la autoayuda ha estado durante mucho tiempo envuelta en una nebulosa llena de misterio. Ahora Brendon Burchard, uno de nuestros más innovadores y poderosos líderes, nos revela exactamente cómo nosotros —autores, conferencistas, entrenadores, consultores, directores de seminarios y vendedores de información en línea— marcamos la diferencia y obtenemos ingresos con nuestros consejos y experiencia. Esta es una industria definida por el valor que representa lo que ofrecemos en la vida de otras personas, y este libro comunica y demuestra porqué Brendon es uno de los mejores en su campo".

—Jack Canfield, autor del bestseller en el
New York Times Los Principios del Éxito y creador de la serie
Sopa de Pollo para el Alma®

"Me fascina influenciar positivamente las vidas de millones de personas alrededor del mundo. Eso le da a mi vida un gran sentido y una meta. Me habría encantado leer el nuevo libro de Brendon Burchard, *El mensajero millonario*, hace 20 años porque incluye muchas de las lecciones que habrían impulsado dramáticamente mi carrera, tanto en términos de impacto como financieros. Lecciones que tuve que aprender a punta de prueba y error. Sin importar su edad, es el momento de dejar una huella en el mundo. Brendon le mostrará cómo hacerlo".

—Daniel G. Amen, MD, autor del bestseller en el
New York Times Cambia tu cerebro, cambia tu cuerpo y
Magnificent Mind at Any Age

"Esta es una lectura imprescindible para cualquier escritor, conferencista, entrenador, director de seminarios, consultor o vendedor de información en línea. Brendon Burchard le muestra cómo hacer llegar realmente su mensaje al público (y que, además, le paguen por ello)".

—John Gray, autor del bestseller en el
New York Times Los Hombres son de Marte, las Mujeres son de Venus

"Usted nació para hacer el bien, contribuir y compartir con el mundo sus dones. Brendon Burchard le muestra cómo vivir (¡y, tal vez, hacer una fortuna!) influyendo de manera positiva en la vida de las personas".

—Darren Hardy, editor de la revista *SUCCESS* y
autor del bestseller *The Compound Effect*

"Si alguna vez ha soñado con hacer una carrera y un negocio ofreciendo asesoría y compartiendo sus experiencias y conocimientos, este libro le encantará".

—David Bach, autor del bestseller #1 en el
New York Times El Millonario Automático

EL
MENSAJERO
MILLONARIO

*Haga el bien y una fortuna
dando consejos*

BRENDON BURCHARD

FREE PRESS

NEW YORK   LONDON   TORONTO   SYDNEY   NEW DELHI

Free Press
Una división de Simon & Schuster, Inc.
1230 Avenida de las Américas
Nueva York, NY 10020

Primera edición en rustica de Free Press, octubre 2011

FREE PRESS y su colofón son sellos editorials de Simon & Schuster, Inc.

Para obtener información respecto a descuentos especiales en ventas al por mayor,
diríjase a Simon & Schuster Special Sales al 1-866-506-1949
o a la siguiente dirección electrónica: business@simonandschuster.com.

La Oficina de Oradores (Speakers Bureau) de Simon & Schuster
puede presentar autores en cualquiera de sus eventos en vivo.
Para más información o para hacer una reservación para un evento,
llame al Speakers Bureau de Simon & Schuster, 1-866-248-3049,
o visite nuestra página web en www.simonspeakers.com.

Impreso en los Estados Unidos de América

1   3   5   7   9   10   8   6   4   2

ISBN 978-1-4516-6644-1

DEDICADO a mi padre, Mel Burchard, cuyo mensaje de toda la vida a sus hijos nos dice todo lo que se necesita saber sobre él como hombre y explica todo lo que usted necesita saber sobre mí:

"Sé tú mismo. Sé honesto. Da lo mejor de ti. Cuida a tu familia. Trata respetuosamente a las personas. Sé un buen ciudadano. Sigue tus sueños".

NOTA A LOS LECTORES

CONTENIDO

CONTENIDO

EL
MENSAJERO
MILLONARIO

INTRODUCCIÓN

Este libro se basa en tres argumentos principales:

- La historia de su vida, sus conocimientos y su mensaje —lo que sabe por experiencia y quiere compartir con el mundo— tiene mucha más importancia y valor comercial de lo que usted probablemente ha soñado.
- Usted está en este mundo para hacer el bien, y la mejor forma de hacerlo es utilizando sus conocimientos y su experiencia (sobre cualquier tema, en cualquier industria) para ayudar a otros a tener éxito.
- Usted puede obtener ingresos dando consejos y compartiendo la información práctica que ayudará a otros a ser exitosos y, en el proceso, usted puede montar un negocio *muy lucrativo* y vivir una vida llena de sentido.

Si algo de esto suena increíble —especialmente aquello de que le paguen por compartir lo que puede ser su mensaje al mundo— es simplemente porque usted no es consciente de una poco conocida y bastante hermética industria que existe a nuestro alrededor —lo que yo denomino la "industria de los expertos".

La industria de los expertos es una comunidad de personas generosas que comparten sus consejos y conocimientos con el mundo y reciben un pago por ello. Son esas personas que usted ve en televisión y en línea compartiendo consejos sobre cómo mejorar su vida o su negocio. Son personas comunes que han transformado sus éxitos, investigaciones y la historia de su vida en consejos para otros y, de esa manera, se han convertido en "expertos" en un tema determinado, ya sea cómo ser un mejor padre, cómo iniciar un negocio o tener éxito en el trabajo, cómo vivir más apasionadamente o cualquier otro tema. Son servidores de la sabiduría y nos inspiran a todos con sus conocimientos.

1

Estos expertos, repito, son personas comunes que han sintetizado las experiencias de su vida y creado productos y programas para vender al público. Escriben artículos y libros, tienen blogs, programas de audio, cursos en DVD para estudio en casa, podcasts, videos y mucho más, todos ellos creados muy fácilmente y a bajo costo gracias al Internet. En muchos casos, han llegado a ser bien conocidos y famosos solo por compartir sus consejos y recomendaciones prácticas. Y... han hecho millones de dólares gracias a eso. De hecho, han monetarizado su mensaje y reciben ingresos que usted nunca imaginaría. Son mensajeros millonarios, los expertos emprendedores de la era de la información.

A pesar del hecho de que usted actualmente tal vez no se considera a sí mismo un experto o "gurú", la realidad es que cualquiera puede serlo. No se preocupe; si los términos "experto" y "gurú" tienen una asociación negativa para usted, los replantearemos porque ser un experto o gurú es simplemente ayudar a las personas a tener éxito, lo cual es muy bueno. Convertirse en experto es sencillamente un asunto de posicionarse y sintetizar *quién es usted* y *lo que usted sabe* de manera que pueda ayudar a la mayor cantidad posible de personas en su audiencia. Usted puede convertirse en un experto muy influyente y bien remunerado con casi cualquier tema que le interese y, en este libro, le mostraré cómo hacerlo.

Lo que estoy diciendo no es que usted se convierta en experto con el fin de llegar a ser un "trabajador calificado" en alguna compañía global llena de zánganos. Ese concepto ha muerto y, en la nueva era creativa —alimentada por la información, la autenticidad, la confianza, los buscadores y las redes sociales—, el nuevo tipo de personas creativas y expertas trabajarán para sí mismas y establecerán verdaderas relaciones con las personas, basadas en consejos e información valiosa. Afortunadamente, gracias a la gran democratización de la información y la distribución creada por el Internet, todos podemos crear y distribuir información práctica y valiosa que puede ayudar a otras personas. Usted está a punto de descubrir que en esta nueva economía todos podemos ser influyentes, y todos podemos ser remunerados por nuestros conocimientos sin necesidad de trabajar para alguien más. Si usted tiene un mensaje y una conexión a Internet, usted puede hacer una carrera en la industria de los expertos y obtener ingresos por lo que sabe. Resulta que dar orientación a otros puede ser significativo y productivo.

Sin embargo, este libro no busca convertirlo en un gurú en la forma en que la mayoría de las personas lo entienden. No se trata de decirle cómo convertirse en un conferencista "motivacional" o "inspirador", aunque eso es algo que también puede hacer. Tradicionalmente, si usted tenía una historia de vida inspiradora y deseaba hacer el bien en el mundo, todos le decían, "Hazte orador motivacional". Es triste que en nuestra cultura el nombre que se utiliza para describir a las personas que ayudan a otros haya estado tradicionalmente limitado a "orador motivacional", cuando aquellos que trabajan bajo ese rótulo hacen mucho más como expertos. Hablar en público es solo una entre seis áreas en las que se puede desempeñar un experto; otras áreas incluyen escribir libros, dirigir talleres, ser coach, dar consultorías y ofrecer productos y programas en línea. Los expertos de hoy en día no tienen que dominar todas estas áreas para llegar a ser muy ricos. De hecho, le mostraré un plan de un millón de dólares para difundir su mensaje y recibir ingresos que lo dejará aterrado por su sencillez para ponerlo en práctica.

Tras decir todo esto, he estado preguntándome algo por algún tiempo. En la frágil economía actual, cuando tantas personas están buscando comenzar una nueva etapa y necesitan desesperadamente asesoría, estrategias exitosas e información práctica, ¿cómo es posible que nadie haya escrito un libro como el que ahora tiene en sus manos? Considero que este momento constituye la mayor oportunidad empresarial en la historia y es una pequeña parte de un desarrollo natural y lógico de nuestra economía. La gente tiene una gran necesidad hoy día —necesita asesoría, orientación y entrenamiento— y usted puede ayuda a marcar una inmensa diferencia (y fortuna) al hacerlo.

Soy consciente de que mis palabras le pueden sonar poco realistas. Por eso, mi objetivo en este libro es enseñarle sobre esta industria y plantearle los tres argumentos de forma tan concreta, racional y práctica que usted entrará en acción y comenzará a inspirar e instruir a otros sobre cómo tener éxito en la vida, los negocios, las relaciones o cualquier otro tema que escoja.

Usted puede llegar a millones de personas con su mensaje y puede recibir millones de dólares por hacerlo. Yo lo he comprobado y mis estudiantes también. Aunque pueda parecerle una gran exageración, siga leyendo y es posible que descubra una nueva carrera a la cual dedicarse y una gran vocación.

En términos personales, confieso que durante mucho tiempo desconocía sobre esta industria y era un escéptico cuando alguien sugería mezclar mensaje y sentido con dinero y mercadeo. No me gustaba, y sigue sin gustarme, el término "gurú" y nunca aspiré a ser uno. Siendo de una ciudad pequeña, sospechaba de "las personas famosas" en general. Crecí desconfiando de la mayoría de los "expertos" y nunca pensé en el dinero (porque nunca tuve mucho).

Así que entiendo si esta industria y mis afirmaciones le suenan peculiares.

Yo no sabía que podía difundir mi mensaje y ayudar a tantas personas. Tampoco que me pagarían por hacerlo. Francamente, no lo habría creído si alguien me lo hubiese dicho.

Pero luego… estuve a punto de morir. Después de eso me di cuenta de lo que es realmente esta industria, y ahora la lidero.

Este libro es mi esfuerzo para abrir el telón e invitarlo a entrar.

Capítulo uno

UN CURSO INTENSIVO EN COMPARTIR MI MENSAJE

Cuando desperté, Kevin gritaba:

—¡Sal del automóvil, Brendon! ¡Sal del auto!

Miré a mi alrededor desde mi asiento de pasajero. Kevin estaba atrapado tras el volante, gritándome e intentando salir por la ventanilla rota que estaba a su lado. Su rostro estaba cubierto de sangre.

Habíamos girado en una esquina a 140 kilómetros por hora. En Estados Unidos, esa esquina habría estado señalizada con una flecha en forma de U, amarilla brillante, una advertencia que indicaría que te acercas a una curva cerrada y que debes reducir la velocidad.

Pero estábamos en República Dominicana, en una carretera recién pavimentada. No había señales... y esa esquina estaba a punto de convertirse en un punto decisivo en nuestras vidas.

Resultó ser una bendición. Durante meses había estado deprimido y emocionalmente muerto tras romper con la primera mujer a la que había amado en mi vida. Tan solo tenía diecinueve años pero me sentía a la deriva, como si mi vida hubiese terminado. Habíamos sido novios desde la secundaria y llegamos a pensar que algún día nos casaríamos. Pero luego, asistimos juntos a la universidad y ella descubrió la cerveza y otros muchachos. Yo no le prestaba la suficiente atención, y ella me engañó; la cosa se puso fea.

Estaba tan mal que, cuando se presentó la oportunidad de trabajar durante el verano en República Dominicana, no la dejé pasar. Salir de la ciudad no era suficiente para escapar de mis problemas y mi depresión —tenía que abandonar el país.

Así que allá estaba en República Dominicana, con Kevin, un amigo de mi ciudad natal, ayudando a un empresario que vendía equipos de trans-

5

porte por carretera. Regresábamos después de visitar a un cliente en su hogar y era alrededor de medianoche. Era una noche caribeña, oscura y húmeda. Todas las ventanas del auto estaban abiertas y en la radio retumbaba *Life is a Highway* de John Cochran. Mientras transitábamos a alta velocidad por la carretera, flanqueada por la oscura selva a ambos lados, con el aire húmedo ventilando el auto, sentí que mi depresión cedía. El peso de mi soledad y tristeza disminuía a la velocidad del sonido. Cerré los ojos intentando olvidar que mi alma se sentía muerta y canté a grito pelado esa canción.

Luego Kevin gritó:

—¡Dios mío! ¡Brendon, agárrate!

Abrí los ojos y vi las luces del auto desaparecer frente a nosotros, fuera de la carretera, hacia la oscuridad.

Kevin se aferraba al volante, girándolo a la derecha, intentando desesperadamente dominar la curva. Pero era demasiado tarde. El auto patinó, perdió tracción y se salió de la carretera. Me preparé para el golpe mientras pensaba "Dios mío, aún no estoy listo". Sentía que aún no había vivido mi vida. Es curioso lo real y duradero que fue ese sentimiento. Todo sucedía en cámara lenta mientras el auto se deslizaba fuera de la carretera. Una pregunta urgente atravesó mi mente a medida que nos acercábamos a las puertas de la muerte: *¿Viví?*

Precipitándose fuera de la carretera, nuestro auto se estrelló contra la pared de un sistema de irrigación. Dimos una vuelta en el aire y sentí que el cinturón de seguridad me mantenía en mi lugar. Luego sentí una extraña levedad, como si diéramos vueltas y vueltas…

Mis ojos seguían cerrados pero veía claramente. No era como yo había imaginado. Habría pensado que vería mi vida desde un punto omnisciente, como en las películas, donde los recuerdos pasan en cámara lenta y te ves a ti mismo creciendo. Pero no me veía a mí mismo. El pequeño Brendon no estaba por allí.

Pero los vi a *ellos*. Mis amigos y mi familia estaban de pie enfrente o a un lado. Estaban cantando alrededor de un pastel en la sala de nuestra casa. Cumplía 12 años. Mi madre lloraba de alegría y cantaba la tonta canción que siempre se canta en los cumpleaños.

Luego la escena cambió. Mi hermana se columpiaba a mi lado y nuestras miradas se encontraban. Ella sonreía… con su bella sonrisa.

Luego otras escenas. Mi vida pasaba a toda velocidad frente a mí, vivida por mí mismo. En todas las escenas estaba rodeado por las personas a las que más quería. No me sentía parte de ellas —aunque parecían muy reales— y era consciente de que daba vueltas en cámara lenta por el aire. Pensaba en aquellos que amaba y que me extrañarían. Una profunda y poderosa emoción se apoderó de mi mente: *¿Amé?*

El auto aterrizó con un golpe aterrador y yo perdí el conocimiento.

Cuando desperté, oí a Kevin gritarme que saliera del auto. Lo miré desde mi puesto. Estaba tras el volante, gritándome e intentando salir por la ventanilla rota del lado del conductor.

Se volteó hacia mí y vi que tenía una enorme herida en el lado derecho de su cabeza; su rostro estaba cubierto de sangre.

—¡Sal del auto, Brendon! —gritó lleno de pánico mientras se deslizaba fuera por la ventanilla.

Yo no sabía si el auto estaba en llamas o qué sucedía, pero el tono de Kevin era alarmante. Miré hacia mi derecha buscando una forma de escapar pero el marco de la ventana del pasajero estaba destruido. El techo y todo el auto estaban aplastados alrededor de mí. Mi única opción de salir era una pequeña abertura frente a mí… lo que había sido el parabrisas.

Me arrastré por dicha abertura, cortándome los brazos, las piernas y la barriga, y me puse de pie sobre el capó blanco del auto. Veía sangre brotando de mi cuerpo, deslizándose hasta mis pies y luego sobre el auto. Me sentí mareado, distante. Lentamente, mi vida se agotaba y el miedo se apoderó de mí cuando entendí por primera vez que realmente podía morir. Una débil y temerosa energía se extendió por mi cuerpo y me pregunté qué sentido tendría todo eso. Luché con ese pensamiento y comencé a llorar: *¿Fui importante?*

Una oscura bruma cubrió mis ojos y sentí que me desmayaba.

"Eso fue todo", pensé.

Y luego un destello tembloroso en la punta del destrozado capó del auto me sacó de mi trance. Vi un reflejo brillante, un rayo de luz, en mi sangre que se deslizaba por un lado del abollado automóvil. Levanté la mirada y me encontré con una magnífica luna llena en medio del oscuro cielo. Era una luna mágica, algo que nunca había visto —tan cercana, tan grande y brillante, tan bella. Sentí que abandonaba el caos de mi vida y me conectaba con el cielo y las olas azules que atravesaban el mismo. No sentía dolor, no sentía nada, una nada de silencio que nunca olvidaré. Y luego, lentamente, una sensación de realidad. No estaba teniendo una experiencia fuera del cuerpo; de hecho, nunca me había sentido más conectado con quien soy.

Sentí una nueva fuerza en mi cuerpo y me invadió una sensación de gratitud, un aprecio por la vida que aun hoy no puedo describir. Fue como si, en el momento en que miré al cielo, Dios me hubiese visto, consolado y me hubiera entregado el tiquete de oro —una segunda oportunidad de vida. Fue como si me dijera: "Andando muchacho. Sigues con vida, puedes volver a amar, eres importante. Ahora vete y ocúpate de ti porque ya sabes que el reloj no se detiene".

Recuerdo haber mirado al cielo esa noche, aceptando el tiquete, y pensar *"Gracias. Gracias. Me ganaré esto"*. Una gratitud indescriptible entró a formar parte de mi vida y nunca me ha abandonado. Sentí lágrimas rodando por mi rostro —lágrimas de las buenas. Y, por primera vez en muchos meses, mi alma cantó.

Esta es una historia que he aprendido a compartir en mayor detalle, con mejor presencia y espíritu cada vez que se la he contado a audiencias en el mundo entero.

Cuando regresamos de República Dominicana —ambos sobrevivimos, con nuestra dosis de heridas, golpes y huesos rotos, pero vivos y bien, gracias a Dios— ninguno de nosotros le dio mucha importancia al accidente.

Eso puede parecer raro, pero he aprendido que todos nosotros pasamos por alto nuestras experiencias de vida y rara vez buscamos y compartimos sus significados.

De hecho, cuando regresé a Estados Unidos y a la universidad en Montana, no le mencioné el accidente sino a unos pocos amigos. Seguí mi vida haciendo lo que se supone que debía hacer: graduarme de la universidad, acumular alguna experiencia de trabajo, ubicarme en una situación profesional y conseguir un empleo bien pagado en una compañía estable.

Pero, en medio de la lista de cosas que "debía hacer", había algo que me decía que tenía que compartir lo que había sucedido. Una parte de mí seguía conectada a ese momento, y yo quería compartir ese "tiquete dorado de vida" con otros. Quería contarle a la gente que al final de la vida se van a hacer a sí mismos tres preguntas, porque esas tres preguntas me cambiaron para siempre y me guiaron por un sendero de pasión y metas.

Al final de su vida querrá saber si *realmente vivió* su vida plenamente —*su* vida, no las esperanzas y los deseos de sus padres, profesores, compañeros o cónyuge. Se medirá a sí mismo para saber si fue lo suficientemente apasionado, alegre y vibrante. Querrá saber si asumió suficientes riesgos y se lo jugó todo, si soñó lo suficiente y luchó tan valientemente como para alcanzar sus metas. Querrá saber con tal intensidad *si vivió* que le dolerán los huesos.

Seguramente evaluará si se preocupó lo suficiente y si le prestó la atención necesaria y aprecio a quienes lo rodeaban. Ansiará saber quién lo extrañará y quién lo extrañará a usted. Verá una película épica —al menos yo la vi— de los momentos en su vida en los que estuvo rodeado de amor y amistad. Se preguntará qué tan abierto fue en sus sentimientos y su corazón le exigirá saber *si amó*.

Finalmente, en sus últimos momentos, antes de que la luz lo abandone, una conmoción profunda en su cuerpo y en su mente hará que se pregunte si todo eso tuvo sentido. Se cuestionará si tuvo una buena vida. Querrá saber y sentir y creer que marcó una diferencia antes de abandonar este mundo. Su alma preguntará directamente y en voz alta: *¿Fui importante?*

Si algo de esto es verdad, pensé, si estas son las tres preguntas que nos haremos al final de nuestras vidas, quiero contárselo a toda la gente que pueda: *¿Por qué no vivir su vida de manera que esté satisfecho con las respuestas a estas preguntas cuando llegue el final?*

¿Por qué no vivir tan plenamente cada momento que se sienta siempre vivo y agradecido por el don de la vida? ¿Por qué no vivir con el corazón y amar con tal intensidad y frecuencia que la película que vea al final de su vida sea una emocionante épica amorosa? ¿Por qué no preocuparse por los otros e intentar hacer el bien en sus vidas como parte de su agenda y rutina diaria, haciendo de ello algo tan arraigado en usted que al final *sepa* que usted sí importó?

Cuando compartí estas tres preguntas con unos pocos amigos, para mi consternación, muchos se interesaron pero no se transformaron. Pero, algunos consideraron que las preguntas eran importantes y me animaron a hablar más sobre mi historia y mi accidente.

La verdad es que temía hacerlo. Muy en el fondo, quería gritar todo esto desde los tejados. Quería que las personas se concentraran en lo que yo consideraba importante. Soñé con cambiar la vida de la gente con mi mensaje pero, al despertar cada mañana, no tenía ni idea de cómo hacer realidad mi sueño.

Y tenía todo aquel trabajo que hacer para alistarme para una "verdadera carrera" en el "mundo real". Además, ¿a quién le interesaría oír a un jovencito tonto hablar sobre el sentido de la vida? ¿Quién me oiría si lograba sacar mi mensaje a la luz? Con seguridad, debía estar loco.

Por suerte, me tropecé con un mentor, alguien que también parecía estar enamorado de la vida. En un momento muy temprano y afortunado de mi vida, tuve una breve visión de la "industria de los expertos". Si no hubiese sido así, seguramente mi mensaje habría muerto en mis sueños.

Capítulo dos
TRAS LA CORTINA DEL GURÚ

Ahora sé algo sobre mi historia y mi sueño.

Tan solo quería ayudar a otros con lo que sabía sobre la vida, sin importar lo limitado de ese conocimiento a causa de mi juventud. Era un afán profundo de compartir un mensaje con otros. Así fue como comenzó para mí: tenía una experiencia que quería contar y compartir con otros, pero no tenía ni idea de *cómo* hacerlo.

Tal vez lo comprendan. Es posible que hayan aprendido algo sobre la vida o los negocios que les gustaría compartir con otros. Ustedes ya saben que ser mentor de otras personas es un sendero a una vida llena de sentido. En su interior sienten la necesidad de compartir su voz, sus conocimientos y sus lecciones de vida. ¿Pero cómo lograr un verdadero impacto cuando se tiene que trabajar tan duro para sobrevivir? ¿Cómo difundir su mensaje e influenciar verdaderamente a otros de manera profunda y significativa?

Durante muchos meses después de regresar de República Dominicana, pasé las noches en vela en mi pequeño dormitorio haciéndome estas preguntas. Luego, una noche vino a mí un mensajero y despertó algo que transformó mi vida. Ese mensajero, curiosamente, fue un hombre que apareció en televisión. No era un pastor ni predicador, aunque a veces sonaba igualmente apasionado e imponente. Era un personaje de proporciones épicas, que hablaba un lenguaje sobre la vida que yo parecía entender. Su nombre era Tony Robbins y tenía un mensaje: usted tiene un poder ilimitado para vivir la vida que desea y hacer el bien, y yo puedo ayudarlo a explotarlo.

Quiero decirles ya mismo que sé que todo esto puede sonar tonto. Desconfío tanto de las "estrellas" de la televisión y los comerciales informativos como cualquiera. Pero este tipo me conquistó. No era sólo lo que estaba diciendo; era también lo que estaba *exhibiendo* —estaba ayudando a las personas con lo que sabía de la vida, y yo quería hacer lo mismo. Esa noche compré su programa de audio, *Personal Power II* y, como deseaba obtener ayuda rápidamente, pague la opción de correo más rápida. Era mi segunda compra con una tarjeta de crédito en toda mi vida. Escuché el programa una y otra vez, muchas veces cuando regresaba a casa de la universidad, un viaje de tres horas por carretera a través de las Montañas Rocosas. Las ideas del programa me parecían asombrosas para un joven como yo: usted controla su destino, dé un paso adelante, tome una nueva decisión por sí mismo, deje que sus valores lo guíen, viva apasionadamente. Puedo decir sin dudarlo un segundo que el programa cambió dramáticamente mi vida.

En los años siguientes, escuché y leí mensajes similares de los gurús mundiales de la auto-ayuda y los negocios —desde Wayne Dyer y Deepak Chopra hasta Stephen Covey y David Bach, y también John Gray y John Maxwell. La mayoría de estos expertos habían escrito libros, tenían CD, DVD, daban seminarios y programas de entrenamiento que estaban en venta al público. Compré muchos de ellos y sistemáticamente hice todo lo que pude para mejorar mi vida y que me fuera bien en mi profesión y relaciones. Vivía una buena vida, guiado por mis tres preguntas y la sabiduría de aquellos que compartían su mensaje con las masas.

Supongo que esta es una historia común y esos expertos han ayudado a literalmente decenas de millones de personas alrededor del mundo a mejorar sus vidas. *Pero aquí es donde yo soy diferente y donde su historia y la mía se encuentran.*

La diferencia que me llevó a donde estoy hoy y a escribir este libro es esta: Cuando oía las voces de los líderes, siempre pensaba: "¿Por qué no podría ser *yo*, algún día, la voz de la inspiración y el guía de la gente? ¿Cómo —difundiendo su mensaje— logran estas personas ayudar a la gente y construir un verdadero negocio al hacerlo?".

Esas eran las preguntas que rondaban mi cabeza cuando acabé la universidad e ingresé al mundo real como un tipo diferente de "experto", un consultor organizacional. Durante unos siete años trabajé para una firma internacional de asesores. Lo disfruté y ascendí con facilidad, pero nunca lo consideré como el trabajo de mi vida.

Frecuentemente, mientras trabajaba con los clientes, les contaba la historia del accidente y comencé a notar que, entre más viejo era, las personas se relacionaban mejor conmigo y con mi mensaje. Me decían:

—Hombre, tiene que contarle esa historia a la gente. Debería difundir su mensaje.

Les preguntaba cómo hacerlo, y me respondían:

—Bueno, la única manera de difundirlo es escribir un libro, dar una conferencia, hacer un taller, montar un sitio Web, convertirse en coach o algo así.

Todos parecían decirme lo mismo —conviértase en autor, conferencista, coach, director de seminarios, asesor, gurú en línea— pero nadie sabía *cómo* hacerlo. Y no es algo que te enseñen en las escuelas, ¿cierto? Cuando busqué asesoría en Internet sobre cómo difundir mi mensaje, lo único que encontré fue una mezcolanza de información sobre cómo escribir un libro, llegar a la televisión o hacerse rico como orador motivacional. Pero nadie hablaba sobre cómo tener una verdadera carrera, financieramente viable, ayudando a otras personas con información valiosa y práctica.

Finalmente, mi necesidad de compartir la historia de mi accidente fue tan fuerte que abandoné mi cómodo empleo. Decidí lanzarme con todo mi entusiasmo (y tal vez insensatamente) a lo que entonces llamaba "la industria del gurú". Estaba resuelto a compartir mi mensaje y a descubrir yo mismo cómo hacerlo, con o sin el entrenamiento y las credenciales para ello.

En un año, seguí los pasos de aquellos que me habían precedido, aquellos que habían abandonado sus verdaderos empleos para seguir sus sueños y compartir su vital mensaje con el mundo. Y obtuve los mismos resultados que ellos: me arruiné rápidamente.

La triste realidad de este mundo es que *no* está hecho para ayudar a las personas a compartir su verdadera voz y su verdadero mensaje. Somos una sociedad que no valora lo suficientemente la consejería o el compartir las experiencias y las lecciones de vida con otros, así que no existe un sendero establecido para hacerlo. Desgraciadamente, en nuestra cultura, ayudar a otros con lo que sabemos es visto como una actividad bonita para el final de la vida, realizada entre el juego de golf y solearse en la playa, mientras se vive de una buena pensión.

Sin entrenamiento y ninguna idea sobre cómo compartir y sacar provecho de mis consejos y mi información práctica para vivir una vida llena de sentido, me sentí frustrado y caí en serios problemas económicos.

Encarnaba el cliché del escritor pobre y sin éxito, y cada vez me hundía más en mis deudas al comprar todos los libros, programas de audio y seminarios posibles sobre cómo convertirse en autor, orador, entrenador, consultor, director de seminarios y vendedor de información en línea (alguien que vende sus consejos, talleres e información en la Web).

Nada me resultaba y, para finales del primer año, docenas de editores habían rechazado lo que yo consideraba mi mensaje de vida destilado en una parábola: una novela sobre las segundas oportunidades titulada *El ticket de tu vida*.

Desafortunadamente, mi historia era la de millones de personas: quiero difundir mi mensaje pero no sé cómo.

Pero si hay algo que debe saber sobre mí es que, cuando tengo una visión, no tengo problema en dedicarme a aprender *cómo* hacerla realidad. Soy un estudiante e investigador incansable y decidido, y nunca he permitido que mis sueños mueran al salir el sol.

Así que me enfrasqué aun más profundamente en este extraño mundo del experto. Fue una búsqueda solitaria, frustrante y costosa. Comencé por mezclar todo lo que aprendía de las diversas fuentes a las que accedía. Tomaba información de la conferencia de un escritor y la entretejía con algo escuchado en un seminario para oradores, le agregaba algo aprendido sobre comercio en Internet, incluía un tema de una reunión de entrenadores motivacionales... luego, mezclaba todo eso con lo que veía que hacían los grandes gurús de diversas industrias. Si nadie se había tomado la molestia de unir los puntos y pensar en esto como una verdadera carrera en una industria real, entonces yo sería el primero.

Durante el siguiente año, solo 24 meses después de decidir lanzarme a la "industria de los expertos", comencé a ver resultados *masivos*. En esta parte es donde comparto con ustedes mis resultados. No lo hago para impresionarlos sino para mostrarles qué tan rápidamente pueden cambiar las cosas cuando uno finalmente descifra el código para posicionar, empacar y promover su mensaje en el mercado de forma inteligente y estratégica.

En esos dos locos y alegres años, llegué con mi mensaje a millones de personas y gané más de $4,6 millones inspirando y enseñando a las personas cómo mejorar sus vidas y compartir su propio mensaje.

Al cabo de tres años, me convertí en un éxito de ventas (*El ticket de tu vida* fue publicado por HarperCollins en 2007), en conferencista principal al que pagaban $25.000 por sesión, director de seminarios que se venden inmediatamente (algunos a $10.000), orientador de vida, consultor de pequeñas empresas con una lista de espera de varios años y vendedor de información en línea con un promedio de ingresos de $2 millones en cada campaña que pongo en línea. Todo esto lo logré trabajando en casa y sin ningún empleado de tiempo completo —tan solo un pequeño equipo de contratistas trabajando en proyectos específicos.

En esa misma época, compartí el escenario con el Dalai Lama, Sir Richard Branson, Stephen Covey, Deepak Chopra, John Gray, David Bach, Jack Canfield, Debbie Ford, Brian Tracy, Keith Ferrazzi, T. Harv Eker, Paula Abdul y muchos más. Escribí artículos, creé videos, programas de audio, sistemas de estudio en casa, DVDs y programas de entrenamiento en línea que han ayudado a decenas de miles de personas a transformar totalmente sus vidas y negocios. Empresas internacionales sin ánimo de lucro y de *Fortune 500* comenzaron a patrocinar mi mensaje y, entonces, ya no podría haberme detenido aun si lo hubiera deseado.

Sé que todo esto suena increíble. Para muchos suena inalcanzable. Pero muy pronto descubrirá que no solo es posible —y posible sin una gran cantidad de recursos ni empleados— sino que además existe un sistema para repetir todo esto. En los próximos capítulos compartiré con usted las historias de éxito de otros que han logrado admirables resultados y ayudado a miles de personas. También le mostraré cómo todo ello asciende a millones de dólares muy rápidamente.

Mi éxito en este espacio de expertos fue tan grande que la gente comenzó a preguntarme: "Brendon, ¿cómo lograste todo eso tan rápidamente? ¿Cómo es posible sacar un libro, ser contratado como orador, hacer talleres propios, convertirse en asesor de vida o negocios o lanzar programas en línea?".

Muy pronto estuve tan inundado de solicitudes que decidí crear un programa de entrenamiento para personas que apenas comenzaban el proceso que yo acababa de finalizar. Veintisiete personas se presentaron a la primera sesión. Hoy, miles de personas del mundo entero viajan para asistir a Experts Academy, el único programa de entrenamiento integral en el mundo para autores, oradores, entrenadores, asesores, directores de seminarios y vendedores de información en línea. Para mi sorpresa y muy agradecido por ello, el mercado y la comunidad de expertos celebraron la llegada de Experts Academy. Por primera vez, alguien había conectado los puntos y asumido el espacio del gurú como una carrera real en una verdadera y legítima industria de servicios.

Mi historia completó su ciclo en 2009. Desde aquellas noches insomnes en la universidad ansiando compartir mi historia y mensaje con otros hasta llegar a ser un reconocido líder de la comunidad de expertos, he recorrido un largo camino. Muy pronto me pidieron ser mentor de mi mentor. En 2009, tuve el honor de aparecer en el escenario de Tony Robbins e inspirar a una audiencia de más de 2.000 personas reunidas en Meadowlands. También acogí a Tony en el escenario de Experts Academy. El estudiante y su maestro se habían conocido y, juntos, ayudaron a miles de personas.

Cuando escribo esto, Tony y muchos de los expertos en la autoayuda, las relaciones y los negocios del mundo se han convertido en queridos y leales amigos. Muchos también se han convertido en mis clientes y muchos han ocupado el escenario de Experts Academy para revelar, por primera vez en sus carreras, exactamente cómo encontraron y compartieron su mensaje a la vez que construían su propio negocio.

Lo que yo siempre quise era compartir mi mensaje. Ahora soy conocido como "un experto en ayudar a las personas a convertirse en expertos" y, para mi sorpresa y con mucha humildad, me he convertido en el líder y representante de la "industria de los expertos".

Comparto toda esta historia porque quiero que sepa que yo he estado donde usted se encuentra ahora. También he luchado para difundir mi mensaje, pero ahora estoy aquí para ayudarlo. He entrenado a miles de personas como usted para que sepan cómo hacer la diferencia —y una fortuna— con sus consejos, experiencia y conocimientos. Usted seguramente reconoce muchos de los nombres de mis clientes y alumnos —son reconocidos anfitriones de programas de entrevistas, personalidades de la radio, famosas celebridades nacionales e internacionales, éxitos de ventas del *New York Times*, reconocidos oradores, bien remunerados asesores y representantes nacionales. Usted ha visto a mis estudiantes en *Dr. Phil, Oprah, Rachael Ray, CNN, Fox News* y *YouTube* así como en el *Wall Street Journal, The New York Times, USA Today,* la revista *Success* y casi cualquier medio de comunicación importante en el mundo.

De lo que estoy aun más orgulloso es de todos los expertos que he entrenado y de los que tal vez usted nunca ha oído hablar —personas que están compartiendo sus consejos y ayudando a otros a tener éxito en cientos de áreas. Alumnos y expertos prometedores salidos de mis eventos están ayudando a los niños a tener éxito en la escuela, a las mujeres a conseguir empleo, a los nacidos en los años 70 a prepararse para la siguiente etapa de sus vidas, a nuevas parejas a comprar casa, a los seres queridos a enfrentar la muerte y la tristeza, a los médicos a cuidar mejor de sus pacientes, a las personas obesas a redescubrir un saludable estilo de vida, a los propietarios de pequeños negocios a mejorar su mercadeo, a los profesionales a aprobar sus exámenes profesionales, a los oradores a manejar mejor el escenario, a los amantes del vino a escoger mejores vinos, a los veteranos a comenzar nuevas carreras —y la lista continúa.

Las posibilidades para usted y su mensaje —no se preocupe si aún no las conoce, yo lo ayudaré— están probablemente mucho más allá de lo que puede imaginar. Eso se debe a que muy pocas personas han estado en contacto con la industria de los expertos y casi nadie entiende el mundo del empresario experto. Es una nueva opción profesional para muchos y una forma muy diferente de ver el trabajo.

En el siguiente capítulo comenzaré a descorrer el telón de su estilo de vida y, luego, en el siguiente capítulo, le mostraré cómo unirse a nosotros. Es su tiempo. Todo lo que tiene que hacer es decidir si esta es su vocación y oportunidad. Comencemos.

Capítulo tres

LA VOCACIÓN Y EL ESTILO DE VIDA DEL EXPERTO

En los próximos capítulos revelaré la forma en que comienzan los expertos y exactamente cómo difunden su mensaje al mundo (y cómo son remunerados por ello). También me referiré a la principal objeción que usted tiene en este momento (lo sé): "Cielos, Brendon, no soy un experto y ¿quién me pagaría un centavo por lo que sé?".

No se preocupe; llegaremos muy pronto a sus ineptitudes de la infancia (estoy bromeando). Hablaremos de esa preocupación porque la mayoría de las personas subestiman dramáticamente lo que saben o nunca han pensado en lo que saben y lo valioso que eso podría ser para otros.

Pero antes de llegar a sus habilidades específicas, quiero darle una imagen de la más amplia industria de los expertos para que pueda determinar si le interesa formar parte de ella. Créame, usted puede convertirse en un muy bien remunerado experto en cualquier área o tema, y se lo probaré en los próximos capítulos. Por ahora, debemos discutir si esto es realmente una vocación y una carrera que le interesa.

Sí, creo que convertirse en Mensajero Millonario es una vocación y una verdadera profesión. Es una vocación porque estoy convencido de que parte del propósito de nuestra vida es aprender, experimentar el mundo y, luego, darle una mano a otros que están tratando de avanzar. Si usted ha luchado por algo y sobrevivido, debe ayudar a los que aún luchan. Si ha alcanzado lo imposible, dé a otros la posibilidad de alcanzar lo mismo. Si le ha tomado años entender algo, ¿por qué no acortar la curva de aprendizaje de otros? Si ha descifrado el código para tener éxito en cualquier área, ¿por qué no entregar el secreto a *todos*?

Obviamente, es necesario una inclinación hacia "ayudar a otros" y, por eso, me critican con frecuencia. Algunos de mi comunidad me han llamado sensiblero y "buenazo" porque con frecuencia me concentro más en la misión que en el dinero. Pero estoy convencido de que ofrecer servicios no es solamente una fuerte práctica espiritual sino también un buen negocio. Si le interesa ayudar a otros, ellos creerán en usted y, sí, le pagarán.

Pienso que todo el mundo tiene un mensaje y una historia o experiencia que puede ayudar a otros. Usted también tiene un mensaje aun si continúa sin definirse. Usted tiene algo dentro que se le ha dicho que difunda al mundo: su voz y su contribución única. Ha sido llamado a difundirla y este libro lo ayudará a hacerlo.

En términos de profesión, en el mundo existen pocos trabajos más estables y lucrativos que el de "experto". Las personas siempre necesitarán ayuda y consejo para sus vidas personales y profesionales. Toda generación necesita asesoría de los padres, asesorías en bienes raíces, consejos de mercadeo, consejos para sus relaciones personales, asesoría de negocios, consejos para la vida amorosa, financiera, profesional, tecnológica, espiritual, etc., etc. No hay límite para la cantidad de personas que buscan y necesitan los conocimientos y la información que usted posee.

Esto está comprobado por las perdurables y muy influyentes carreras de los líderes y leyendas de nuestra industria. Cuando un experto encuentra su verdadero mensaje y lo difunde con cariño, compasión y coherencia, el mundo toma nota. Piense en las conocidas historias de estos expertos:

> Tony Robbins lleva 30 años inspirando a la gente a encontrar su poder personal y ha llegado a millones de personas en el mundo; en el proceso, ha construido un imperio de $50.000.000 con su marca.
>
> Stephen Covey descubrió siete hábitos sencillos para ser efectivo y montó una compañía de entrenamiento de miles de millones de dólares. Además, su éxito de ventas *Los 7 hábitos de la gente altamente efectiva* se mantuvo en las listas de negocios por más de *21 años*.
>
> Zig Ziglar ha estado dando fundamentalmente la misma conferencia sobre el éxito durante casi 40 años y sigue rechazando ofertas todo el tiempo.
>
> Rick Warren convirtió sus consejos espirituales en el mayor éxito de ventas de no ficción de todos los tiempos, *Una vida con propósito*, con más de 30 millones de copias vendidas. Creó una congregación de 20.000 personas en California y, en 2008, fue el anfitrión del Foro Civil sobre la Presidencia, en el cual participaron los candidatos presidenciales Barack Obama y John McCain.

David Bach comenzó dando asesoría financiera al público tras abandonar su empleo en el sector financiero y se convirtió en el principal asesor financiero del mundo, con un montón de éxitos de ventas del *New York Times*, incluyendo *El millonario automático* y *Start Late, Finish Rich*. Grandes compañías han patrocinado su mensaje y lo han ayudado a llegar a millones de personas (y a hacer millones de dólares). Aparece con frecuencia en el *Today Show*. Suze Orman, Jim Cramer y Dave Ramsey son otros nombres conocidos en el área de la asesoría financiera.

Wayne Dyer, Ph.D., cambió su carrera académica por una en consejería y se convirtió en un escritor internacionalmente reconocido y orador en el área de auto-desarrollo. Es el autor de más de 30 libros, ha creado muchos programas de audio y video, y ha aparecido en miles de programas de radio y televisión. Ha producido un éxito de ventas cada década durante cinco décadas consecutivas. Sus obras *Construye tu destino*, *La sabiduría de todos los tiempos*, *La fuerza del espíritu: Hay una solución espiritual para cada problema*, y los éxitos de ventas del *New York Times*, *10 Secretos para conseguir el éxito y la paz interior*, *El poder de la intención*, *Inspiración*, *Cambie sus pensamientos y cambie su vida* y *Excuses Begone* han sido presentados como especiales en la televisión nacional.

John Gray tomó una sencilla idea: que los hombres y las mujeres con frecuencia parecen provenir de diferentes planetas, y la convirtió en un fenómeno que durante tres décadas ha producido libros, conferencias, talleres y videos apoyados en el imperio de *Los hombres son de Marte, las mujeres son de Venus*.

Oprah, sus amigos y contemporáneos han dominado la televisión y las publicaciones durante décadas: Rachael Ray y sus consejos de cocina, el Dr. Phil sobre la vida y las relaciones, Marianne Williamson con su asesoría espiritual y Bob Green y sus ejercicios físicos, Tim Gunn y sus consejos de moda, Nate Berkus sobre el hogar y el jardín, y Dr. Mehmet Oz y sus consejos para la salud.

Desde luego, muchas de esas personas son nombres ya muy conocidos y muchos son ahora autores famosos o estrellas de televisión. Los menciono acá porque son reconocidos y le han dado un "rostro" a la industria de los expertos. También porque sirven para ilustrar la diversidad de áreas que han dominado y monetarizado: desde el desarrollo personal hasta las finanzas, desde las relaciones hasta el diseño, desde los negocios hasta la espiritualidad.

Lo que es importante saber de estos ejemplos es que ninguna de estas personas comenzó siendo rico y famoso. Todos comenzaron igual que usted.

Luego se enfocaron en un tema específico, aprendieron a sintetizarlo y a promover su mensaje, y descubrieron una forma de servir a tantas personas como fuera posible.

Usted no tiene que aspirar a ser una celebridad. Tal vez eso no es lo suyo. Personalmente, yo evité los medios de comunicación hasta hace muy poco cuando sentí que la industria exigía un nuevo estilo y un nuevo liderazgo.

He visto y conocido a miles de expertos que disfrutan de una vida significativa y de abundancia en la comunidad de expertos pero no son famosos. Es posible que usted no conozca sus nombres, pero su trabajo está ayudando a miles de personas por medio de su información práctica y sus productos. Han hecho verdaderas carreras y mucho dinero. Se encuentran en los escenarios de todo el país, están transmitiendo consejos en línea, están dando entrenamiento en compañías de su circuito local y tienen libros, CD, DVD y materiales de entrenamiento por cantidades. Si usted alguna vez asiste a mi seminario de Experts Academy, conocerá a cientos de personas comunes y corrientes que se dedican a esto con éxito y viven felices, muchos de ellos en temas que usted nunca imaginó podrían producir expertos exitosos.

Me encanta la historia de Lorie Marrero. A Lorie le apasionaba organizar su casa y las de sus amigas. La gente iba a su casa y siempre le preguntaban, "Lorie, ¿cómo haces para mantener todo tan organizado?".

A diferencia de la mayoría de las personas, Lorie sabe escuchar e inconscientemente comprendió que si muchas personas preguntan por lo mismo, *bingo*, en ello hay un negocio de experto. Así que Lorie comenzó a posicionarse como una experta organizadora y a entrenar personas y empresas sobre la mejor forma de organizar sus hogares y sitios de trabajo. Sí, se convirtió en experta organizadora. Creó un programa en línea sobre su tema y, eventualmente, escribió un libro muy exitoso, *The Clutter Diet: The Skinny on Organizing Your Home and Taking Control of Your Life*. Ahora Lorie es la vocera nacional de Goodwill Industries International y la embajadora del sistema de donaciones de Goodwill. También ha trabajado como vocera de empresas, incluyendo a Staples y Microsoft. Es solicitada frecuentemente como experta en los medios de comunicación nacionales, entre ellos *Good Housekeeping*, CNBC y *Woman's Day*. El *Container Store* y otros almacenes minoristas venden sus productos en todo el país.

Ahora, una pregunta, ¿alguna vez ha oído nombrar a Lorie? Muchos responderán que no. Muchos de los que leen mi libro nunca me habían oído nombrar tampoco. Hay decenas de miles de nosotros y es frecuente que la gente no nos descubra hasta que no tienen un problema que necesita solución. ¿No puede organizar su vida? Encuentra a Lorie. ¿No logra difundir su mensaje? Se tropieza con Brendon. Así funciona el mundo de los expertos no famosos —como se ha dicho, cuando el estudiante está listo, el maestro aparece.

Y otra historia. Marci Shimoff era una mujer feliz. Las personas solían preguntarle —Marci, ¿por qué eres tan feliz? Ella respondía que no tenía motivos para no ser feliz. Al igual que Lorie, Marci escuchaba a las personas y comenzó a hablar, escribir y dar entrenamiento en el tema de la felicidad. Llegó a ser un éxito de ventas del *New York Times*. ¿Cuál es el título de su libro? *Feliz porque sí*.

Las historias de Lorie y Marci no solo demuestran que cualquiera puede convertirse en un experto sobre cualquier tema sino que también nos ofrecen una importante lección. La mejor manera de encontrar su área de especialización es preguntándose a sí mismo "¿Sobre qué me piden consejos las personas todo el tiempo?" o "¿Cuáles son las preguntas que la gente me hace siempre?" o "¿Cuáles son las preguntas que la gente siempre hace cuando se habla de _____?". Responda estas preguntas y sirva a otros, y tendrá un negocio de experto.

Y, ¿qué me dice de Roger Love? ¿Lo ha oído nombrar? Yo no lo había oído nombrar hasta que comencé a buscar un experto que me ayudara con mi voz. Comencé a perder la voz en mis seminarios de cuatro días y temí que mi carrera estuviera tocando su fin. Mi amigo Tony Robbins me habló de Roger y descubrí a un experto en un área de la cual tampoco había oído hablar nunca. Roger resultó ser el mejor entrenador de voz del mundo. Ofrece entrenamientos, conferencias y asesorías y tiene montones de libros y CDs fantásticos sobre el manejo de la voz. Yo nunca lo había oído nombrar, pero él ha entrenado a algunos personajes de los que tal vez sí ha oído, incluyendo a John Mayer, Reese Witherspoon, Tyra Banks, Maroon 5, Eminem y muchos de los mejores actores y cantantes del mundo.

Rick Frishman era un jubilado del mundo de las relaciones públicas. Cuando decidió comenzar una segunda carrera y reflexionó sobre la primera, descubrió que sus clientes favoritos en el mundo de las relaciones públicas habían sido siempre los escritores. Así que comenzó una segunda carrera como experto en publicidad y edición de libros, y produjo una serie de libros y talleres llamados *Author 101* para ayudar a los nuevos escritores a tener éxito. Hizo una fortuna en ello pero, más importante aun, ayudó a miles de escritores a aprender cómo transmitir su mensaje a través de nuestro más honorable medio: el arte de la escritura. Frank Kern era un entrenador de perros de Macon, Georgia. Un día descubrió la forma de vender consejos sobre el entrenamiento de perros en línea y comenzó a ganar dinero con ello. Muy pronto la gente empezó a preguntarle cómo hacía el mercadeo de la información en línea y, así, nació su carrera de experto en mercadeo en línea. Hoy día, Frank es el estratega de mercadeo en Internet mejor pagado del mundo y su publicidad en línea generalmente le produce $6 millones a sus clientes. También trabajó en una de las mayores campañas de mercadeo en Internet, que produjo más de $20 millones en unas pocas semanas.

Shane y Chantal Valentine eran los padres de una bella bebé llamada Alina. También eran amantes de la cocina y querían que Alina creciera comiendo alimentos frescos y saludables en lugar de la basura que viene en frascos. Así que comenzaron a cocinar comida orgánica y fresca para Alina, mimándola con maravillosos platos del mundo entero. Muy pronto la gente comenzó a pedirles las recetas de esa maravillosa comida para bebé, y así nació su nueva carrera como "expertos en comida para bebés". Desde entonces, han producido programas de cocina y campañas con Clif Bar, Pixar Studios y Whole Foods. ¿Quién habría imaginado que se convertirían en expertos en comida para bebé?

Podría compartir con ustedes *miles* de historias de personas comunes y corrientes como Lorie, Marci, Roger, Rick, Frank, Shane y Chantal, que se han convertido en exitosos y muy influyentes expertos en todos los temas imaginables. Los conozco a diario en los eventos de Experts Academy.

Pero este libro es sobre *usted*, así que gastaré menos tiempo en historias inspiradoras y más en enseñarle a usted personalmente. Si usted quiere conocer a cientos de personas de esta industria, simplemente acompáñenos algún día en Experts Academy. De aquí en adelante, este libro es sobre *usted*.

Entonces, ahora dediquémonos a decidir si esta es la comunidad a la que *usted* realmente quiere pertenecer. A continuación doy nueve motivos por los que creo que la "industria de los expertos" es la mejor posibilidad en el mundo de tener una carrera.

1. Su trabajo está totalmente basado en su pasión y sus conocimientos.

La industria de los expertos es, sin duda, una de las más apasionadas y enérgicas del mundo. Asista a uno de nuestros seminarios y verá que eso es verdad. ¿Por qué? Porque es una de las pocas industrias, aparte de la de la música, que hace que sus miembros encuentren y compartan su voz única con el mundo. Resulta ser que *compartir* y *enseñar* son un verdadero arte que enciende un mar de pasiones en el espíritu humano. Esta pasión es una de las razones por las que tantos admiradores y seguidores se sienten inspirados por los expertos —se sienten atraídos por la energía y el entusiasmo de los expertos por la vida y los negocios.

Pero eso no quiere decir que la industria esté basada exclusivamente en el apasionamiento. Nuestra pasión está estrechamente relacionada y se apoya en la sabiduría y la inteligencia. La verdad es que es imposible tener éxito en nuestra industria si no se tienen conocimientos que ayuden a otras personas a superar sus retos y avanzar del punto A al punto B.

Entonces, las preguntas esenciales que yo le haría a alguien que busca una carrera en la industria de los expertos son: ¿Está usted profundamente apasionado por su tema y por el deseo de ayudar a otros a mejorar? ¿Qué conocimientos posee sobre la vida o los negocios que podrían ayudar a otras personas?

2. Las actividades de trabajo se centran en "relacionarse y crear".

¿Cómo pasan la mayoría de sus días de trabajo las personas del "mundo real"? ¿Cómo describiría usted sus dos principales actividades laborales?

En la comunidad de expertos nuestro tiempo se pasa haciendo dos cosas:

- *Relacionándonos* con nuestro público para ganar su confianza y entender sus necesidades y ambiciones.
- *Creando* información útil y productos de valor que enseñan a nuestro público cómo vivir una vida mejor o mejorar sus negocios.

Ese es nuestro trabajo.

Incluso las ventas y el mercadeo dependen de las relaciones que mantenemos con nuestros clientes —darles valor y compartir con ellos información a través de nuestros sitios en la web, blogs, artículos, productos y videos. A pesar de los viejos mitos, no es necesario ser un genio de las ventas o un carismático fuera de serie para tener éxito en nuestra industria. La realidad es que estamos viendo una afluencia masiva de nuevos miembros en nuestra comunidad precisamente porque más y más personas están viendo que es posible compartir su mensaje en esta nueva era de mercadeo sin tener que "empujar" a otros a creer en nosotros. Las personas están viendo que nuestras ventas son, de hecho, muy "suaves" y enfocadas en el servicio. Puedo afirmar con autoridad que en los diversos temas y nichos, es evidente que todas las campañas de ventas en nuestra industria son manejadas esencialmente de la siguiente manera: enviamos información gratuita de valor para la vida de las personas y luego, en cierto punto, decimos: "Oye, si te gusta esa información gratis, también tengo un producto/programa que puedes comprar y profundiza mucho más en el tema". ¿Qué tan difícil es eso?

Para ganar, los expertos tan solo tenemos que conocer bien a nuestros clientes. Debemos ser solidarios con aquellos que están luchando con ciertos retos, y debemos crear para ellos un plan para que mejoren su situación, ya sea en casa o en el trabajo. Es realmente un negocio de relaciones. Entre mejor conozcamos a nuestros clientes y sus necesidades, mejor podremos adaptar nuestro mensaje y nuestros métodos para ayudarlos.

Una vez que conocemos a nuestros clientes, nuestro trabajo consiste en crear información práctica que sea valiosa y única para ellos. Yo denomino a eso "empacar la información"; en otras palabras, escribir artículos, crear seminarios web, videos y CD, talleres y programas de entrenamiento para difundir el mensaje y ayudar a los clientes. La parte creativa de este negocio es, a mi manera de ver, la que activa en nuestro trabajo la mayor energía y expresión artística. Usted oirá con frecuencia a las personas en mis seminarios exclamando con emoción: "¡Soy un creador!", cuando entienden que pueden volver a recurrir a la parte creativa y expresiva de sus vidas que el "mundo del trabajo real" había anulado.

Debido a que nuestro trabajo está tan enfocado en la creación y las relaciones, me gusta decir que la comunidad de expertos es realmente el primer ámbito acogedor para lo que Richard Florida denominó "la clase creativa". La mayoría de las personas creativas del mundo quisieran crear más cosas, especialmente conceptos surgidos de ideas que ayudarían a otras personas a vivir una vida mejor. Bueno, pues eso es lo que nosotros hacemos todo el tiempo. Así de simple, los expertos son el segmento de la economía más enfocado en las ideas y la creación de información. Vivimos en el mundo informático y estamos creándolo. Somos los artistas y los conductores de la Era de la Información.

3. Usted trabaja desde donde quiera y en el horario que quiera, desde ya.

Cuando Tim Ferris escribió *La semana laboral de 4 horas*, no tenía ni idea de en qué se convertiría o de cuantas personas considerarían su idea totalmente inimaginable. Pero obviamente para Tim era fácil imaginar una semana de trabajo de cuatro horas: es un experto. Equipados solamente con un teléfono y una computadora portátil, la mayoría de los expertos puede producir millones de dólares trabajando desde cualquier lugar y en cualquier horario.

Sé que eso es verdad. Cuando yo comencé, lo único que tenía eran esos dos aparatos. No tenía dinero, ni influencias, ningún reconocimiento, ni un tío rico… nada. Estaba preparado tan solo con un mensaje y un sueño y, muy pronto, mi computadora era mi única herramienta imprescindible. Mi portátil se convirtió en mi cajero automático, permitiéndome escribir artículos y libros, crear y publicar seminarios en la Web, videos y programas en línea por los que la gente pagaba. Mi teléfono me permitía hacer "teleseminarios" o conferencias a las que las personas se unían. Todo esto lo hacía desde mi casa. Hoy día, mientras dirijo una marca de $5 millones de dólares en la industria de los expertos, sigo trabajando la mayor parte del tiempo en casa o en Expert Studio, un condominio en el que tengo un estudio para video. Hoy día, el costo de montar un buen estudio para video es inferior a $2.000.

Muy pocos negocios, aparte de los negocios basados en Internet, requieren una inversión de capital y recursos tan baja al inicio. Basándome en mi experiencia en la industria de los expertos y en las encuestas a nuestros alumnos de Experts Academy, he calculado que el 92 por ciento de los que trabajamos en esta industria trabaja desde la casa. Con frecuencia decimos: "¿Mensaje? Ya. ¿Público para atender? Ya. ¿Portátil y teléfono? Ya casi".

4. Usted trabaja con quien quiere.

Como empresarios, los expertos contratan y despiden a quien quieren —y eso incluye salirse de los clientes groseros. No estamos en manos de jefes desagradables, ni tenemos compañeros de trabajo extraños, aduladores empresariales o ningún otro arribista dedicado a la política empresarial. Siendo una industria basada únicamente en nuestra pasión individual, nuestro conocimiento y nuestra habilidad para relacionarnos con nuestra audiencia y crear información valiosa para ellos, nosotros controlamos nuestro destino. Somos empresarios expertos y tenemos todos los beneficios con los que cuenta un empresario.

Pero el beneficio de pertenecer a la comunidad de expertos no es solamente que no tenemos que trabajar con personas desagradables. También consiste en que podemos escoger con quien *queremos* trabajar. Las personas en el mundo de los expertos son muy abiertas a la colaboración, las empresas conjuntas, a compartir información y sociedades de mercadeo. Como todos sabemos que nuestra primera misión es compartir nuestro mensaje, aprovecharemos casi cualquier oportunidad para hacerlo —no importa si se trata de una entrevista con otro experto o seamos representados en los libros o productos de otros.

Le daré un ejemplo. Tony Robbins se encontraba trabajando en la creación de un nuevo curso llamado "The New Money Masters". Deseaba entrevistar a personas que realmente dominaran el mercadeo de información en línea. Él podría haber creado ese programa fácilmente pero, como sabe que pertenece a una comunidad creativa y colaborativa, escogió entrevistar a otros expertos. Tony me invitó a participar, y yo acepté. Viajé a su estudio de video al día siguiente e hicimos una excelente entrevista. No me pagaron por ella y yo no pedí que me pagaran porque sé que compartir mi mensaje es mi principal objetivo y porque es muy satisfactorio colaborar en esta comunidad. Tony entrevistó en total a doce de los mejores en mercadeo en línea, incluyendo a mis amigos Frank Kern, Eben Pagan, John Reese, Dean Jackson, Jeff Walker y Mike Koenigs, el hombre que nos presentó a muchos de nosotros a Tony. El curso resultó ser un gran éxito multimillonario. He colaborado con Tony en otros dos formatos y él ha devuelto el favor hablando y promocionando mi seminario de Experts Academy.

Le cuento este ejemplo porque ilustra varios puntos. Primero, los expertos siempre están dispuestos a compartir su experiencia y difundir su mensaje. Imagine que puede trabajar a la par con sus mentores y gurús. Eso es algo que le dará poder.

Segundo, debido al carácter colaborativo de la industria, *usted* no tiene que ser el gurú en todos los temas —puede entrevistar a otros expertos. Yo no puedo ser o enseñar lo que Tony Robbins enseña, así que lo invito para que le enseñe a mi gente sus cosas, y él hace lo mismo conmigo. Si quiero traer a un experto en cualquier tema a mis eventos o presentar sus consejos en mis sitios Web o seminarios, esos expertos se encuentran al alcance de un correo electrónico. Los expertos son personas increíblemente abiertas y accesibles. Eso es algo que siempre sorprende a los recién llegados.

Finalmente, demuestra que si usted marca una verdadera diferencia —como lo ha hecho Tony desde el primer día— los otros lo apoyarán y ayudarán. Es algo que me gusta mucho de esta comunidad.

Hasta ahora, he tenido la suerte de trabajar con todas las personas con las que alguna vez soñé trabajar en la industria. Mi trabajo me ha llevado a conocer presidentes, líderes espirituales, celebridades, CEOs y pioneros de casi todas las industrias que alguna vez me han producido curiosidad. El hecho de que los expertos sean tan abiertos a compartir su experiencia es uno de los mayores beneficios de nuestro trabajo. Posteriormente en este libro, discutiré francamente la necesidad de compartir aun más nuestras ideas sobre nuestro *negocio* y no solamente la información en nuestras áreas de especialización.

5. Su publicidad está basada en su propia promoción.

Me encanta esta obviedad: como experto, si quiere ganar más, simplemente se promociona más (asumiendo, desde luego, que hace un buen trabajo).

A diferencia del mundo empresarial en el que se paga por hora, su éxito financiero no estará basado en la incontrolable satisfacción o insatisfacción de su administrador. En lugar de ello, sus ingresos están basados en qué tanto hace para difundir su mensaje, sus productos informativos y programas al mundo. En general, entre más se promueva correctamente, más ingresos recibirá y servirá a más personas. Por eso siempre estoy diciendo que usted puede hacer el bien *y* una fortuna simplemente promoviendo buenos consejos e información práctica.

Este concepto se hace más poderoso a medida que usted reúne más admiradores y seguidores. Entre más grande sea su audiencia, mayores serán sus ingresos —asumiendo que usted está ofreciendo un valor agregado, creando una profunda relación y vendiendo de manera estratégica e inteligente. Todo eso lo enseñamos en Experts Academy.

Pero no se preocupe, sus ingresos no están respaldados únicamente en su lista de suscriptores como temen muchos novatos. *Todos* comenzamos sin suscriptores, sin admiradores, sin una salida para nuestro mensaje. Pero construimos un mundo con más y más seguidores en la medida que crece el valor de lo que ofrecemos.

Los temores que surgen de la realidad de tener una pequeña lista pueden mitigarse con mi último punto: usted puede trabajar con otros en la comunidad de expertos. Nunca olvide que *otros* expertos y recursos, como los medios de comunicación, tienen grandes audiencias y pueden ayudarlo a difundir su mensaje. Por ejemplo, usted puede ser entrevistado y promocionado por otros expertos de su área y compartir las ganancias producidas. Más tarde hablaré de este concepto denominado *mercadeo afiliado*.

Examinemos este concepto general. Normalmente, cada vez que lanzo una promoción hoy día, puedo ganar unos $200.000 con unos pocos correos electrónicos. Mientras más correos envío, más gano. Naturalmente, tengo que asegurarme de no venderle demasiado a mi audiencia, pero usted me entiende. Mientras más inteligente sea mi promoción y entre más involucre a otros para promoverse conmigo, llegaré a más gente con mi mensaje y ganaré más dinero. Hace poco lancé un nuevo programa de entrenamiento y gané más de $2 millones en solo 10 días. Fue una buena promoción.

Como dije anteriormente, no debe sentirse intimidado por toda esta charla sobre promociones y mercadeo. Repito que todas nuestras campañas de ventas funcionan así: enviamos información gratuita de gran valor para la vida de muchas personas y, luego, en cierto momento, decimos, "Si le gustó esa información gratuita, también tengo un producto/programa que puede comprar y profundiza mucho más en el tema". Saber eso nos da poder, y así fue como hice los $2 millones hace poco. Ahora sé que siempre que desee tener mayores ingresos, tan solo tengo que agregar valor al mercado y ofrecerlo en venta.

Sé que a algunas personas les molesta que comparta las cifras y hable sobre dinero, pero considero que es importante. Creo que el público necesita saber que el sentido y el dinero pueden mezclarse y que a medida que hacemos más dinero podemos ayudar a más personas, y vice versa.

6. Sus ingresos corresponden al valor que usted entrega, no a las horas que trabaja.

El trabajo por horas es una horrible realidad para la mayoría de las personas. Pero el trabajo por horas no es para expertos bien entrenados. A nosotros no nos pagan por horas nuestro trabajo —¿cómo se cobraría una factura cuyo producto es "cambió mi vida en una hora"?— sino por el valor de lo que ofrecemos. A las personas del sector laboral tradicional o corporativo puede tomarles mucho tiempo entender esto. Sin duda, a mí me tomó mucho tiempo.

Recuerdo que cuando estaba comenzando recibí una llamada de un hombre que había oído hablar de mi mensaje. Me pidió que fuera su entrenador de vida y le ayudara a replantearse su vida y a hacer planes para mejorar. El hombre tenía cincuenta y tres años y, en ese momento, yo tenía aproximadamente la mitad de su edad. Hablamos un rato y me pareció que se sentía confundido y que no sabía qué quería hacer con su vida. Le hice unas pocas preguntas que a él le parecieron profundas y útiles. Al finalizar la llamada me preguntó cuánto cobraba por mis servicios. Nunca lo había pensado, y tímidamente le respondí que nunca había sido entrenador de vida o trabajado individualmente con las personas, que había sido asesor de empresas y escribía libros.

Como no sabía qué responder a su pregunta sobre mis tarifas, le pregunté:

—Pensando en lo que usted está tratando de hacer, ¿cuánto cree que debería cobrar?

—Bueno, he oído que los entrenadores de vida ganan doscientos dólares la hora. Comencemos así —me contestó sin dudarlo.

Casi me caigo de la silla. Pensé, *¡doscientos la hora! ¡Eso es lo que gana un buen abogado!* En esa época era mucho dinero para mí.

En pocos meses todo iba tan bien que otras personas comenzaron a pedirme que las asesorara. Y en ese tiempo me enteré que otros entrenadores de vida y empresariales estaban cobrando entre $300 y $1.000 por hora. Así que aumenté mi tarifa a $600 la hora y rápidamente tuve una larga lista de personas para llamar y entrenar todos los meses. Luego decidí aumentar una vez más mi tarifa y, poco después, tenía aun más clientes. Muy pronto comencé a odiar mi vida porque me pasaba el tiempo hablando por teléfono. Me encantaba entrenar a otros, pero necesitaba una mayor variedad y flexibilidad. Así que volví a elevar mis honorarios. Llegó un punto en que estaba cobrando $5.000 por hora.

¿Por qué pagaría alguien esa suma por una hora? Es simple: no se trata de los minutos de esa hora sino de lo que representan para su vida. Si alguien puede darle ideas, información, estrategias y conexiones que lo ayuden a progresar en la vida y los negocios, usted no mira su reloj ni su billetera.

Por ejemplo, ¿cuánto estaría dispuesto a pagar para pasar una hora con alguien que puede mejorar radicalmente su calidad de vida por el resto de sus días? Y ¿por una reunión con alguien que ha ganado un millón de dólares más que usted, en su mismo negocio, y está dispuesto a contarle exactamente cómo lo hizo?

Me gusta usar esta metáfora: imagine que conoce a una mujer en la calle que es evidentemente más feliz que usted. Mientras ella acomoda su maletín, que contiene un millón de dólares en efectivo, le dice:

—Hola. Hice un millón de dólares haciendo lo mismo que usted y los hice en un año y con la mitad de los recursos que usted tiene. ¿Pondría mil dólares en esta caja si acepto almorzar con usted y contarle exactamente cómo lo logré para que usted también pueda hacerlo?

Conociendo a mi público, me imagino que está poniendo los ojos en blanco y es probable que, en semejante situación, llamara a la policía. Pero entendió la idea. La mayoría de las personas en este mundo pagarían una gran cantidad de dinero por descubrir cómo ser más felices y exitosos. Y, ¿qué pasa con los que no lo harían? No importa: deséeles suerte y siga adelante. Ellos no son sus clientes, al menos por ahora.

Esta idea del tiempo vs. valor funciona en todo lo que hacemos en esta industria. Puede tomar solo un día escribir y crear una excelente charla pero, como orador profesional, usted puede ganar entre $10.000 y $50.000 por charla. Si tan solo da cinco charlas en el año, ¿usó bien su tiempo? La mayoría respondería que sí. Usted puede pasar dos semanas creando un seminario de fin de semana, pero cobra $1.000 por la entrada y participan 500 personas. Produjo $500.000. Usted puede gastar un mes planeando y haciendo tomas de video para un programa de entrenamiento en línea y luego cobrar a 1.000 personas la inscripción a $100. Eso son $100.000 en un mes. El tiempo no significa mucho cuando usted se está relacionando y creando en el mundo de los expertos.

Sé que todo esto suena inalcanzable para la mayoría de las personas. Pero, en el capítulo seis, "El mapa financiero del Mensajero Millonario", verá lo rápido que usted puede dar valor agregado y hacer potencialmente $1.000.000 simplemente empacando sus consejos prácticos y haciendo un mercadeo de información básico.

Sin lugar a dudas, seré criticado por presentar cifras y referirme al dinero de esta manera pero, una vez más, creo que es importante que las personas conozcan las posibilidades. Usted y yo sabemos que algunas personas tendrán éxito en esto y otras no. Todos tenemos diferentes experiencias, habilidades, talentos, recursos, etc. También sé, tras entrenar a decenas de miles de personas como usted, que es posible convertirse en un muy bien remunerado experto y que es increíblemente fácil comenzar. Este libro lo probará, como lo hemos estado probando durante años en Experts Academy.

7. Usted no necesita un equipo grande.

Un mito muy difundido en nuestra industria es que para tener éxito se necesita un equipo grande. Las conjeturas dicen que debe ser necesario un inmenso equipo de profesionales de ventas y mercadeo para llegar a millones de personas… ¿cierto? Es fácil llegar a esa conclusión, especialmente cuando usted ve a sus gurús favoritos por todas partes en televisión e Internet.

Sin embargo, la realidad es muy distinta y yo lo aprendí de primera mano. Recuerdo haber asistido a una conferencia en 2007 a cargo de Mark Victor Hansen, famoso por *Sopa de pollo para el alma*. En ese momento, Mark y su coautor, Jack Canfield, tenían un fenómeno universal entre sus manos, vendiendo más de 100 millones de copias de los libros de la serie y eventos a diestra y siniestra. Cuando asistí al evento para autores, con la esperanza de crear un imperio igualmente exitoso, hice lo imposible para conocer y hacerme amigo de los miembros de su equipo. Nunca olvidaré cuando conocí a Lisa, una empleada amable y tranquila, quien me dijo que todo el personal de Mark consistía de cinco personas. ¿Un negocio de más de 100 millones con solo cinco empleados? ¡No podía creerlo!

En los siguientes doce meses me hice amigo de casi todos los gurús en la industria del desarrollo personal y el mercadeo de información, y descubrí que de hecho cinco empleados no eran la norma. La mayoría de los gurús tenían menos, si es que tenían alguno. El líder promedio de la industria contrataba entre uno y tres empleados de tiempo completo en alguna etapa, generalmente cuando "lo había logrado". La mayoría simplemente subcontrataba lo que necesitaba para cada proyecto.

Nuestra industria es perfecta para subcontratar. La mayoría de los expertos tienen necesidades a corto plazo. Diseñar una página Web, programar entrevistas, filmar videos, responder la correspondencia de los clientes y admiradores, presentar libros, escribir y publicar artículos, etc. La vida de ensueño que presentó Tim Ferris en *La semana laboral de 4 horas*, una vida de tiempo libre solo posible gracias a los asistentes virtuales y contratistas externos, resulta ser una imagen muy atinada de la realidad o de lo que es posible para los empresarios expertos.

En Experts Academy permanentemente se discute el tema de los empleados y la subcontratación. En uno de los recientes eventos, T. Harv Eker, autor del éxito *Los secretos de la mente millonaria*, confesó que había cometido un terrible error al contratar demasiadas personas. Como muchos otros, siguió los consejos de hombres de negocios tradicionales e inversionistas que desconocen el funcionamiento de nuestra industria. Pude sentir la pena de Harv cuando habló de despedir a sus empleados después de contratar demasiados.

Este es un punto que he recalcado durante tres años: no contrate empleados al comenzar en esta industria, *punto*. Aprenda las habilidades que necesita aprender para ser el amo de su propio destino. Y esta es mi controvertida afirmación: si alguna vez llega a tener más de 10 empleados en esta industria, usted está cometiendo uno o más de los siguientes errores: a) no contrata inteligentemente; b) no está estableciendo correctamente su infraestructura; c) no dirige y delega adecuadamente; d) no establece sociedades inteligentemente; o e) no subcontrata adecuadamente.

Entiendo que esto suena poco serio y admito que si lo estuviera diciendo hace diez años sería un tonto. Pero es difícil discutir conmigo cuando Thomas Friedman ha probado que vivimos en un mundo plano, Daniel Pink ha demostrado que vivimos en una nación libre e independiente, y Ferris nos ha mostrado lo que se puede hacer con asistentes virtuales e inteligencia al delegar. Tome la facilidad de subcontratación que nos ofrece eLance.com, la llegada del modelo de fabricación y distribución por encargo, y la tendencia universal hacia todo lo digital, y queda claro que el nuevo modelo de negocios para expertos exige pocos empleados reales —si alguno. No solo puedo argumentar esto lógicamente sino que, a nivel táctico, lo he comprobado en mi negocio y en los de muchos clientes. Personalmente, yo construí un negocio multimillonario sin un solo empleado, y no contraté a una persona de tiempo completo antes de superar los $2 millones en ingresos.

En pocas palabras: no le tema al monstruo del personal. Debido a ese temor, miles de posibles expertos fracasan aun antes de comenzar. Usted puede convertirse en un maestro de esta industria y puede hacerlo con unos costos mínimos de personal.

8.   Las herramientas del éxito son simples y poco costosas.

El bajo costo de ingresar a la industria de los expertos, gracias a la subcontratación, se ha reducido aun más con la llegada de simples, económicas y muchas veces gratuitas herramientas en línea y programas de computadora que permiten a los expertos difundir sus consejos y mensaje alrededor del mundo.

Hubo una época en la que las herramientas necesarias para tener éxito en el mundo de los expertos estaban fuera del alcance de la mayoría. Dichas herramientas incluían elaborados sitios Web, costosos programas de administración de las relaciones con el cliente (CRM, por sus siglas en inglés), costosas empresas de relaciones públicas, fabricantes que no intervenían, inmensas cadenas minoristas que cerraban sus puertas a nuestros productos, y miles de dólares gastados en horas en los estudios de grabación para grabar los videos y programas de audio.

¡Como han cambiado los tiempos! Con unos pocos clics del ratón, cualquier experto en el mundo puede tener un sitio Web y un blog (gracias, WordPress), una comunidad social (gracias, Facebook), una sede de relaciones públicas (gracias otra vez a Facebook y su primo con déficit de atención Twitter), una cadena de televisión transmitiendo en el mundo entero (gracias, YouTube), programas de grabación incorporados en las nuevas computadoras (gracias, Apple) y una ventanilla en línea para recibir dinero (gracias PayPal, Google Checkout y Yahoo Small Business, por nombrar solo algunas).

La nueva realidad presentada en el párrafo anterior es uno de los principales motivos por los que pensé que ya era hora de escribir y publicar este libro: la barrera para ingresar al mundo de los expertos no se ha reducido... ha sido *destruida*. Lo que me impresiona no es solo lo que podemos hacer en línea hoy día; es también lo que podemos hacer en términos de creación, fabricación y distribución de *productos*. Hace menos de una década, los expertos tenían que ir a costosísimos estudios de sonido y televisión para grabar sus productos de entrenamiento en audio y video. Luego, esas grabaciones debían ser editadas a un costo de miles de dólares y, finalmente, enviadas a un fabricante que exigía pedidos de grandes cantidades para dar un precio decente. Una vez hecho, el producto tenía que ser enviado a distribuidores que intentarían llevar nuestros programas a los almacenes y se encargarían de recoger, empacar y despachar los productos.

Hoy, ese proceso es barato, fácil y rápido. Yo puedo grabar un programa de audio en mi computadora o un video en una simple cámara de cien dólares. Luego, puedo enviar el archivo por correo electrónico a un fabricante que me ayudará a diseñar el producto y posteriormente lo fabricará y despachará. Y lo que es más admirable: hoy en día el fabricante y el distribuidor son uno solo y no nos exigen producir toneladas del producto para que se queden amontonadas en una bodega mientras nosotros rezamos para que lleguen los pedidos. En su lugar, en lo que se conoce como la tecnología de fabricación por encargo, los fabricantes no imprimen ninguno de los productos hasta que alguien los compra. No existe un inventario hasta el momento en que un cliente presiona el botón de pago en su sitio Web. Y, cuando lo hace, bingo, el producto es fabricado y despachado en el mismo día, sin que usted mueva un dedo. Eso fue lo que cambió a nuestra industria.

Otra innovación fueron los programas de administración de relaciones con el cliente (CRM). La habilidad para capturar el nombre y correo electrónico del cliente, hacerle seguimiento con una serie automatizada de correos electrónicos (llamados sistemas de respuesta automática), y procesar sus pedidos en línea solía ser algo que solamente las compañías muy grandes podían pagar. Los días en que había que hacer terroríficas configuraciones de tecnología e integrarlas a programas a la medida terminaron con el cambio de siglo. Hoy es posible tener un escaparate en línea y un carrito de compras en una hora y con un costo de aproximadamente $100 dólares al mes.

El desarrollo de los blogs y programas de manejo de la información en línea también ha modificado la situación y nos ha permitido crear fácilmente comunidades de afiliados increíblemente lucrativas. Funciona así: usted sube un poco de información práctica y material de entrenamiento en línea para que la gente acceda a ella instantáneamente o en horarios específicos; las personas le pagan por entrar al sitio y afiliarse. Con las comunidades de afiliados en línea usted ya ni siquiera tiene que crear productos físicos, y nuestra industria tiende cada vez más hacia el modelo de entrega en línea. Recientemente recibí más de 1.000 nuevos clientes que se afiliaron para acceder a un sitio con información práctica sobre cómo construir un imperio de experto. Es algo que sucede todo el tiempo en esta industria.

9. **Los ingresos económicos son desproporcionados en relación a cualquier otra industria.**

Ya hemos hablado sobre las increíbles recompensas económicas de ser un experto, así que no es necesario seguir insistiendo en ello.

Pero antes de mostrarle en el siguiente capítulo cómo convertirse en un experto y cómo puede hacer su primer millón de dólares en el que le sigue, presento aquí unos pocos puntos que pueden ser de ayuda.

Primero, sin importar qué tan difícil sea, usted tiene que modificar su concepción del dinero. Para la mayoría de las personas, el dinero es un tema tabú. Pero, si usted escoge esta carrera, usted estará en el *negocio* de compartir su mensaje con el mundo. Y las personas dedicadas a los negocios hablan de dinero. La gente le preguntará cuánto cobra, cuánto gana, cuánto ahorra, etc. Usted también tendrá que empezar a compartir detalles de su vida con otras personas, si son pertinentes. Si usted enseña algo relacionado con cómo hacer dinero o alcanzar la abundancia financiera, la gente naturalmente querrá conocer sus propios resultados en esa área. Así que vaya acostumbrándose.

Es posible que también necesite examinar seriamente sus asociaciones y ambiciones con respecto al dinero. Lo que aprendió de sus padres, comunidad o medios de comunicación sobre el dinero puede ya no servirle si tiene una gran visión de ayudar a más personas en el mundo y, sí, recibir más dinero por hacerlo.

Para mí, personalmente, fue muy difícil aceptar el concepto de dinero y, para ser franco, algunas veces aún lo es. Hoy puedo enviar un correo electrónico y ganar $100.000 muy rápidamente. A menudo rechazo clientes que quieren pagarme $50.000 al año para que los entrene. A mí me pagan más por una hora de conferencia que lo que mis padres ganaban en todo un año. Digo esto no por alardear sino para señalar algo extraño con lo que usted puede llegar a encontrarse: ayudar a la gente y hacer dinero al mismo tiempo puede hacernos sentir *culpables, avergonzados* e *incómodos*.

Sé que nadie que lea el último párrafo dirá: "¡Ay, pobrecito! ¡Brendon se siente mal por tener tanto dinero!". Pero demos la vuelta al lente y enfoquémoslo en usted por un momento.

¿Qué significaría para usted una riqueza enorme? ¿Sería fácil explicársela a su familia y sus amigos? ¿Se sentirían cómodos con que usted sea un reconocido gurú? ¿Su idea actual y condicionamientos con respecto al dinero le permitirían mantener su nueva riqueza o la perdería tan rápidamente como la mayoría de los ganadores de loterías?

Es interesante —e importante— pensar en todo eso. La culpa, la vergüenza, la incomodidad fueron mis primeras reacciones a la riqueza debido a la forma en que había estado expuesto (tal vez muy poco expuesto) a ella.

Crecí en una pequeña ciudad, Butte, en Montana. Hace un siglo, Butte era una floreciente metrópolis —una de las cinco primeras ciudades del mundo que tuvo electricidad—. Butte reposaba sobre un inmenso depósito de cobre y, antes de que el acero tomara la delantera, el cobre era el rey. En Butte pululaban los inmigrantes y mineros del mundo entero, especialmente irlandeses. Como sucede en todas las industrias de trabajo pesado, rápidamente surgió la desconfianza entre los trabajadores y "los ricos". Pero muy pronto el cobre envenenó la tierra, el acero y el aluminio comprobaron ser más confiables y deseables, y Butte cayó en una larga crisis económica. Aún hoy, gravitando sobre la ciudad como un espectro de muerte, se encuentra un foso de una milla de fondo y una milla de ancho lleno de desechos tóxicos de la minería. Las bandadas de pájaros mueren cuando se posan allí y no hay forma de evitar el daño, lo cual hace de Berkeley Pit uno de los mayores desastres ambientales del planeta. Incluso ahora, las personas con dinero son vistas con desconfianza, una mirada que dice: "Esos ricachos hicieron su fortuna a costillas de los pobres". Yo lo sé. Yo también miraba a las personas prósperas de esa forma.

Mi familia vivía en Butte cuando yo era muy pequeño y mucho tiempo después descubrí lo difícil que fue ese tiempo. Recuerdo un invierno en que se dañó el calentador de la casa. En Butte es común que la temperatura descienda hasta 10 o 30° F bajo cero, así que la situación era realmente peligrosa. Para enfrentar el problema, mis padres llevaron la carpa que estaba en la cochera y la armaron en nuestro pequeño salón. Luego juntaron en su interior todos los sacos de dormir, mantas y abrigos que teníamos y nos apiñamos allí durante cerca de dos semanas. Obviamente, los niños no entendíamos la gravedad de la situación, ni siquiera cuando mi madre acabó cocinando en un mechero luego de que una tormenta nos dejara sin electricidad. Por el contrario, los chicos nos pavoneábamos en la escuela anunciando lo fenomenales que éramos por acampar en nuestra propia casa. Tras compartir estos recuerdos décadas después, mi madre nos preguntó:

—¿Nunca supieron que estábamos acampando porque el calentador se había dañado y no podíamos repararlo hasta que llegara el siguiente salario?

Es una historia tonta, lo sé, pero ilustra la forma en que crecimos. Crecimos con nada, nada material, pero crecimos en gran abundancia gracias al ingenio de mis padres. Aún me sorprende lo bien que se las arreglaban teniendo cuatro hijos.

Pero en el ambiente en el que crecí, nunca se hablaba de dinero a menos que fuera el tipo de conversación estresante. El "plano del dinero" que tenía en mi mente decía esencialmente: "No necesitamos dinero, podemos arreglárnoslas y, además, a nadie le gustan los ricos". Ese es un credo muy diferente del que he tenido que adoptar como hombre de negocios que dice: "Hazte inmensamente rico para que puedas llegar a más gente con tu mensaje".

Al ganar cada vez más dinero, me he sentido culpable por tener más de lo que necesito —debido a mis antecedentes y también porque veo a otros que aunque tienen un mensaje tan importante como el mío siguen allí afuera luchando. Por eso, he transformado mi culpa en un impulso para ayudar a otros a encontrar y compartir su voz. Eso me ha ayudado a superar cualquier incomodidad respecto a hacer una fortuna, ya que la ha atado a la misión de marcar una diferencia en la vida de las personas.

Como última reflexión, todas las personas a las que he conocido sienten cierta incomodidad respecto a hacer (o guardar) dinero. Se podrían escribir muchos volúmenes sobre por qué necesitamos estabilidad y seguridad en nuestras vidas financieras. En su lugar, permítame dejarlo con un simple pensamiento: si las personas gastasen el mismo tiempo que pasan pensando en cómo hacer dinero pensando en cómo marcar una diferencia, muy pronto serían más ricas de lo que nunca creyeron posible.

Espero que este capítulo le haya dado una idea de lo que es ser un experto emprendedor: la vocación como tal y la forma de vida. Usted puede tener un estilo de vida y un negocio extraordinario simplemente compartiendo su mensaje con otros. Hágalo bien y un día será un Mensajero Millonario.

Capítulo cuatro
USTED: GURÚ CONSEJERO

He estado enseñando a gente como usted cómo tener éxito como experto durante algún tiempo —el suficiente para saber que usted ya tiene preguntas sobre cómo funciona todo esto y si realmente usted puede ser un "experto" en algo. En este capítulo le contaré lo fácil que es convertirse en experto y ayudar a las personas, de tal forma que sus vidas cambien o mejoren en cualquier área.

Así que enfrentemos la pregunta más insistente en su mente y la que más frecuentemente me hacen mis admiradores de todo el mundo:

— Brendon, ¿cómo podría yo ser considerado un experto y quién querría oírme?

Mi respuesta a esa pregunta se divide en tres partes.

El experto por resultados

Primero, nunca olvide que en el camino de la vida usted ha llegado más lejos que muchos y las lecciones que ha aprendido son útiles y valiosas para otros.

En este punto de su vida, usted ya sabe amarrarse los zapatos pero otros —más jóvenes— no. Usted sabe conducir un automóvil, otros no. Usted tal vez sabe cómo conseguir empleo mientras otros no saben hacerlo. Usted puede saber cómo conseguir un ascenso, coser una manta, comprar un auto a buen precio, escribir una canción, producir una película, crear un blog, salir de deudas, perder peso, mejorar su matrimonio, liderar a otros, manejar las críticas, dar a luz un bebé, manejar empleados, encontrar un agente, superar el miedo, cuidar de un enfermo, dar una buena charla, comprar una casa, encontrar el estilo de ropa perfecto, retomar una vida normal después de una enfermedad grave o casi cualquier cosa en la que pueda pensar. Otros tal vez no lo sepan.

Por el simple hecho de haber logrado realizar algunas tareas fundamentales de la vida, usted ha construido lo que denomino un "área de especialización accidental". Usted puede no considerarse un experto, pero la verdad es que allá afuera hay otras personas, tal vez millones, intentando descifrar cosas que usted tal vez ya aprendió informalmente. Así como el niño observa admirado al adulto que es capaz de amarrar sus zapatos —algo que valoran profundamente pero aun no han aprendido a hacer— otros pueden mirarlo a usted y *pagarle* por lo que ya sabe.

Si usted se sentara e hiciera una lista de todas las cosas que ha aprendido y experimentado en la vida y los negocios, encontraría que sabe muchísimo. De hecho, se asombraría por la inmensidad de la lista. Ese ejercicio lo llevaría a comprender que es, de hecho, lo que yo llamo un "experto por resultados" —alguien que "ha estado ahí y hecho eso" y ahora puede enseñarle "eso" a otros.

Lo que es sorprendente es que millones de personas pagarán muy bien por recibir de usted consejos y conocimientos básicos sobre una enorme variedad de temas.

Sé que puede parecer exagerado, pero piénselo: ¿alguna vez ha pagado por aprender a hacer una buena hoja de vida (apuesto a que compró un libro sobre eso), comprado un programa de audio para motivarse (yo lo he hecho), o usado su tarjeta de crédito para pagar por el derecho a usar información en línea (¿quién no lo ha hecho?)? Aunque esos momentos pueden no haber tenido importancia para usted, todos son ejemplos de la "economía experta" en acción. Alguien sabía cómo hacer algo y usted le pagó por esos conocimientos. Ellos habían alcanzado los resultados que usted quería y por ello les pagó para acortar en meses o años su curva de aprendizaje. Usted pagó por información que podía llevarlo del punto A en el camino de la vida al punto B. Pagó por resultados. Es así de simple.

Así que la pregunta es ¿qué resultados ha obtenido en su vida y sus negocios?

En este punto, muchas personas que me contratan como entrenador de vida me dicen:

—Pero, Brendon, no sé qué resultados he obtenido y no sé qué experiencia poseo.

—Sí, el hecho es que sí lo sabe. Todas las respuestas están en su interior. —respondo. Luego, para probárselo, suelo darles un ejercicio de completar frases. Yo escribo el comienzo de una frase y dejo que ellos la terminen. Por ejemplo, les doy una afirmación que dice "Los secretos que he aprendido para tener un matrimonio feliz son...". Es sorprendente lo rápidamente que completan la frase. Instantáneamente dicen cosas como "Escuchar más" o "Mostrar más agradecimiento" o "Ser respetuoso" o "Planear salidas nocturnas". La mayoría de los clientes se sorprenden de la facilidad con que completan la frase. Al descubrir que todas las respuestas están en su interior, sienten una nueva confianza y capacidad en sí mismos.

A lo largo de este libro les daré ejercicios de frases incompletas similares a ese, lo que denomino "señalizadores para experto". Cuando usted complete estas simples pero profundas afirmaciones, comenzará a descubrir temas e ideas que pueden ser el fundamento de su nuevo imperio de experto.

A continuación hay varias afirmaciones que quiero que complete ya mismo. Así que deje de leer, tome su diario, escriba cada afirmación y complétela en su totalidad y tan honestamente como sea posible.

Señalizadores para expertos:

1. Cinco cosas que he aprendido sobre motivarme a mí mismo y alcanzar mis sueños son...

2. Cinco cosas que he aprendido sobre liderar a otros y ser parte de un equipo son...

3. Cinco cosas que he aprendido sobre el manejo del dinero son...

4. Cinco cosas que he aprendido sobre tener un negocio exitoso son...

5. Cinco cosas que he aprendido sobre la comercialización de un producto o marca son...

6. Cinco cosas que he aprendido sobre ser un buen compañero en una relación íntima son...

7. Cinco cosas que he aprendido sobre la espiritualidad y la relación con un poder superior son...

8. Cinco cosas que he aprendido sobre decoración del hogar/moda y organización son...

9. Cinco cosas que he aprendido sobre el manejo de mi vida y ser efectivo son...

Sé que esta actividad puede parecer tonta y que no todas las afirmaciones fueron pertinentes o fáciles de completar para usted pero, ¿sabe qué acabo de ayudarle a hacer? Lo ayudé a pensar en lo que podría enseñarle a otros en los nueve temas más lucrativos de la industria de los expertos:

- Asesoría motivacional
- Asesoría en liderazgo
- Asesoría financiera
- Asesoría en negocios
- Asesoría en mercadeo
- Asesoría en relaciones personales
- Asesoría espiritual
- Asesoría en estilo
- Asesoría sobre productividad

Por favor, no se angustie si le pareció difícil o irrelevante. Tan solo estoy sembrando algunas ideas en su cabeza y, en los próximos capítulos, lo ayudaré a comprender mejor.

Por ahora, el punto es comenzar a aceptar que usted ha resuelto algunas cosas en la vida porque ha aprendido de su experiencia y ha obtenido algunos resultados. ¿Tiene sentido?

Finalmente, no se preocupe si quiere ser experto en un área en la que *aún no ha obtenido resultados*. Obviamente, llegará el momento en que querrá obtener tantos resultados como sea posible, pero eso no siempre es un requisito. A continuación explicaré ese concepto.

El experto investigador

Esta es la segunda parte de mi respuesta a "Brendon, ¿cómo podría yo ser considerado un experto y quién querría oírme?".

Segundo, nunca olvide que los expertos antes que nada son estudiantes y que usted puede investigar cualquier tema y convertirse en "experto" en esa área, comenzando ya.

Yo aprendí el valor de esto por accidente.

Cuando estaba en la universidad, mi hermana menor —Helen, a quien adoro con toda mi alma— tenía problemas en su relación. Se había comprometido y la relación con su novio comenzó a venirse abajo. Como somos muy unidos, me pidió consejo. Esto podría parecer tonto dado que yo era soltero y nunca había tenido una relación exitosa, al menos no como para comprometerme o casarme. En esto hay un mensaje escondido: las personas piden consejo a la gente en la que confían. Yo evidentemente no era un "experto en relaciones" pero quería desesperadamente ayudar a mi hermana. Entonces, ¿qué hice?

Hice lo que siempre hago cuando me piden ayuda sobre cualquier tema: me convertí en investigador. Recuerdo claramente el día en que Helen me pidió ayuda y mi torpeza al intentar darle algún consejo digno. Esa noche, frustrado por mi ignorancia, fui a la librería y pasé cuatro horas leyendo todo lo que pude sobre relaciones personales. Abandoné la librería con un bloc lleno de notas y más de una docena de libros sobre el tema. Pasé toda la siguiente semana leyendo y sintetizando todo lo que aprendí. La siguiente vez que mi hermana me pidió consejo, ¡le di toda una conferencia!

Luego sucedió algo muy interesante. Como cuando compras un auto rojo y comienzas a ver autos rojos en todas partes, comencé a oír a todo el mundo hablar sobre sus problemas en las relaciones. Compartía con ellos lo que sabía y, repentinamente, me convertí en el "experto" en relaciones del campus. Un día ayudé a una estudiante con problemas en su relación que pertenecía a una hermandad y, una semana después, me pidió que diera una charla sobre el tema a toda la hermandad. *¡Y me pagaron $300 dólares por hacerlo!* Estaba tan nervioso que casi pierdo mi almuerzo de camino a la sede de la hermandad.

Esas dos experiencias me enseñaron sobre otro tipo de experto: el "experto investigador".

¿Sabía que usted no tiene que haber *hecho* algo para ser considerado un experto en eso? Usted no tiene que ser un "experto por resultados". Esto parece una afirmación descabellada pero, ¿alguna vez ha visto a un académico siendo entrevistado en televisión sobre el tema de los negocios? Los académicos no están *en* los negocios y pueden no haber *aplicado* nunca los principios de los negocios pero, debido a que han estudiado el tema cuidadosamente y saben cuales son las *mejores prácticas*, son considerados expertos.

Así como yo me convertí en experto en relaciones sin haber estado casado nunca, usted puede ser considerado un experto en cualquier tema sin que necesariamente haya logrado resultados en esa área. Como esto le suena a muchos a blasfemia, he creado una serie de preguntas que suelen cambiar rápidamente la perspectiva de las personas:

1. Si estuviera a punto de hacer una inversión en bienes raíces, ¿aceptaría consejos de alguien que nunca fue propietario de una casa o local comercial?

La mayoría de las personas responden "Definitivamente no".

Entonces pregunto:

2. ¿Qué pasaría si esa persona —que nunca ha sido propietaria— ha entrevistado a fondo a los 20 principales inversionistas billonarios en bienes raíces del mundo y sintetizado todas sus lecciones en un sistema de 10 pasos? Entonces, ¿aceptaría sus consejos?

Obviamente, todo el mundo cambia de opinión y acepta la idea. Si alguien ha investigado un tema y lo ha sintetizado para nosotros, le pondremos atención. Y le pagaremos por sus consejos.

Permítame darle un famoso ejemplo de nuestra "industria de los expertos".

¿Ha leído el famoso libro de Napoleon Hill *Piense y hágase rico?* Si no lo ha hecho, debería. El libro es sobre cómo acumular riqueza y ha sido calificado como uno de los más influyentes libros sobre riqueza y crecimiento en la historia. Varias generaciones lo consideran uno de los libros fundamentales de su vida y se han vendido millones de ejemplares en todo el mundo.

Lo fascinante de este ejemplo es que, según se dice, Napoleon Hill nunca fue ni rico ni un gran éxito (ciertamente no hasta que escribió el libro). Entonces, ¿cómo pudo convertirse en uno de los expertos y autores más influyentes en la historia de nuestra industria? La respuesta es simple: investigó y se informó sobre el tema.

La historia detrás de *Piense y hágase rico* es que Napoleon Hill *entrevistaba* a personas ricas como Andrew Carnegie y sus poderosos amigos. A partir de esas entrevistas, Hill *sintetizó* lo que decían, encontró los temas comunes en sus conversaciones y *destiló* las lecciones y mejores prácticas que ellos habían aprendido, empacándolas en *útiles módulos de información* que ayudaban a las personas "comunes" a entender el tema. Las personas pagaron y siguen pagando por ese libro porque contribuye a mejorar sus vidas y les economiza años de aprendizaje.

Ese es el proceso que hace un experto investigador: escoge un tema de valor para la gente, lo investiga, entrevista a personas que se mueven en él, sintetiza lo que aprende y luego ofrece sus descubrimientos a la venta para que otros puedan aprender y mejorar sus vidas.

Cuando usted entiende esto, todo un mundo de temas se abre a sus pies. Con suficiente investigación, usted puede volverse un experto en cualquier tema. Esa idea me parece liberadora porque nos permite escoger el tema en el que queremos ayudar a otros, y salir a estudiarlo.

Con frecuencia me masacran por decir esto, así que permítame hacer algunas salvedades y aclaraciones. No estoy sugiriendo que salga a afirmar que es experto en algo que desconoce. No estoy diciendo que abra un bufete de experto en un tema que investigó un día en Google. Todo lo que sugiero en este libro se presenta bajo la suposición de que usted es una buena persona, íntegra, que realmente quiere ayudar a los demás, que está comprometida con la excelencia y que nunca afirmaría ser algo que no es. Creo en trabajar duro, en dominar el tema y en servir a otros con integridad y transparencia. He construido mi carrera sobre esos principios y usted también lo hará, si realmente quiere tener éxito.

Ahora, regresemos a la historia y a nuestros *señalizadores para experto*. Deje de leer ahora y complete las siguientes oraciones:

1. Un tema que siempre me ha apasionado es…

2. Me gustaría ayudar a otras personas a dominar el tema de…

3. Si pudiera investigar cualquier tema y ayudar a otros a dominarlo, ese tema sería…

4. El motivo por el que creo que las personas necesitan ayuda en esta área es...

5. Para comenzar a investigar este tema más a fondo, yo podría...

6. Las personas a las que podría entrevistar sobre este tema incluyen...

Una vez más, estas son simplemente afirmaciones para ponerlo a pensar. No existen respuestas correctas ni incorrectas. El fin de estas actividades es despertar su mente a nuevos conceptos y estrategias que compartiré con usted más adelante. Así que no se sienta abrumado ni se preocupe por lo que será su área de especialización.

El modelo de conducta

Hasta ahora me he referido a estos dos puntos:

Primero, nunca olvide que en el camino de la vida usted ha llegado más lejos que muchos y las lecciones que ha aprendido son útiles y valiosas para otros.

Segundo, nunca olvide que los expertos antes que nada son estudiantes y que usted puede investigar cualquier tema y convertirse en un experto en un área determinada, comenzando ya.

El primer punto ilustra el hecho de que todos seguimos a expertos que "han estado ahí, hecho eso". El segundo nos recuerda que también seguimos a quienes hoy en día son conocedores de un área porque la han investigado más que nosotros.

Y una idea más:

Tercero, nunca olvide que las personas oyen a aquellos en quienes confían, a quienes respetan y admiran para después seguirlos —escuchan a los modelos de conducta.

Esto es obvio pero nunca sobra repetirlo. Si la gente cree que usted es una buena persona, le pedirán todo tipo de consejos.

Piénselo: ¿Alguna vez ha escuchado los consejos de alguien a pesar de saber que esa persona no es una "experta"? Desde luego que sí. Cuando se cortó un brazo, escuchó a su madre —que no es médico— diciéndole cómo "curarlo". Su amigo le dijo que el motor de su auto sonaba raro, así que usted lo llevó al taller. Su amiga pobre le habló de una oportunidad de volverse ricos y usted la ensayó. Su vecino obeso le recomendó comer más vegetales y usted pensó, "Lo intentaré".

Siempre me sorprende la forma en que aparece este concepto en mi vida. Millones de personas me han visto en línea, televisión, medios impresos y en persona. Por algún motivo, muchos de ellos me piden ayuda en áreas sobre las que no sé nada, ofreciendo pagarme decenas de miles de dólares por mis consejos.

Por ejemplo, una vez me ofrecieron $500.000 por ayudar a un hombre al que no conozco a reestructurar su compañía. Yo no soy un experto en organizar compañías. Una mujer me ofreció $2.000 al mes por hacerle ser su entrenador de vida durante su divorcio, a pesar del hecho de que no sé nada sobre el divorcio, las leyes que lo regulan o las realidades emocionales de vivir tal proceso. Me han pagado $15.000 por dar charlas de liderazgo, con la única condición de que incluyera algunas líneas sobre diversidad —para encajar en el tema de una conferencia— aun cuando la diversidad no es mi área de especialización y soy un desgarbado niño blanco de Montana, no exactamente la Meca de la diversidad.

Aunque estos son ejemplos extraordinarios, incluso extraños, este tipo de cosas les suceden todo el tiempo a las personas sobresalientes que se han ganado una buena reputación. Propietarios de negocios, oradores, escritores, celebridades, dueños de blogs, gente de YouTube y líderes en todos los campos e industrias reciben constantemente solicitudes de consejo y ofertas de dinero a cambio de que compartan experiencias, consejos, entrenamiento e información que están totalmente fuera del ámbito de sus habilidades y capacidades.

¿Por qué? Por que las personas piden consejo a las personas que les inspiran confianza, respeto y admiración. En otras palabras, la gente busca a las personas buenas para pedirles información.

A nivel personal, yo pagaría una fortuna por recibir asesoría de negocios del Dalai Lama, aun cuando esa no es su área de especialización. Oiría cada palabra que me diga Tony Robbins sobre *cualquier* tema, incluso si se ve en apuros para hacerlo. Si Barack Obama me dijera que debo mudarme a China yo, por lo menos, lo pensaría. Y, al igual que todos los demás, escucho a las personas a las que admiro.

¿Por qué estoy hablando de esto acá? Lo hago para hacerle entender que si usted es visto como un modelo de conducta, encontrará que su estatus es un pilar increíblemente fuerte para posicionarse como experto. Es mi forma de decirle, *sea una buena persona y las cosas buenas llegarán*.

Francamente, considero que necesitamos más modelos de conducta en la sociedad en general. Necesitamos más personas que lleven una vida íntegra, compasiva y de servicio, y creo que el futuro pertenece a quienes viven así. Los negocios y la abundancia fluyen hacia aquellos que saben vivir una buena vida y servir a otros.

Señalizadores para expertos:

1. Un motivo por el que la gente podría admirarme es...

2. He tratado de vivir una buena vida siguiendo los siguientes principios...

3. Cuando las personas examinan mi vida, pueden señalar el hecho de que he realizado cosas buenas, tales como...

4. Los rasgos que hacen de mí una buena persona y que mostraré al mundo incluyen...

Las tres clases de gurú

Yo tengo motivos ocultos para presentarle estos tres pilares de sabiduría: el experto por resultados, el experto investigador y el modelo de conducta.

Ahora que ya los conoce, quiero que construya esos pilares a conciencia, estratégica y activamente durante el resto de su vida sobre cualquier tema en el que le interese ayudar a otros. Cuando esos pilares sean fuertes, usted habrá alcanzado un nivel de sabiduría que lo hará terriblemente respetado y solicitado.

En mi negocio, siempre trato de investigar mis temas más a fondo, buscando alcanzar más resultados en las áreas en las que enseño y esforzándome por ser un buen modelo de conducta para aquellos a los que sirvo. Trabajo duro en ello y nunca lo olvido. Considero que hacer esas cosas ha sido el secreto de mi éxito. Una cantidad de "expertos" y "gurús" dejan de aprender y aplicar lo que aprenden y, por ello, dejan de estar en capacidad de ofrecer la mejor asesoría a otros... sus negocios comienzan a decaer.

Me paso la vida preguntándole a futuros expertos cosas como estas: ¿Ha investigado cuidadosamente el tema en el que quiere ayudar a otros? ¿Ha leído al menos seis libros sobre el tema en el último año? ¿Ha entrevistado al menos a otros diez expertos en el tema? ¿Ha aplicado las lecciones aprendidas y obtenido resultados significativos? ¿Vive usted una buena vida que otros puedan admirar y seguir?

Cuando usted combina al investigador, el creador de resultados y el modelo de conducta, obtiene una magia que trasciende la palabra "experto" y lo eleva a *consejero de confianza*. Las personas empiezan a pensar en usted como un "gurú" en su tema (en el sentido positivo de la palabra, o sea "uno que difunde la luz y la sabiduría"). Repentinamente, la gente comienza a pedirle consejo todo el tiempo y, así, usted puede tener un verdadero negocio en el que sirve a otros con sus consejos, conocimientos y experiencias.

¿Cómo hacer un verdadero negocio haciendo eso? ¿Cómo le pagan realmente a los investigadores, creadores de resultados y modelos de conducta por su información? Eso lo veremos en el siguiente capítulo.

Capítulo cinco

10 PASOS PARA UN IMPERIO DE EXPERTO

Ahora que usted puede acceder al estatus de "experto" obteniendo resultados en esa área, investigando su tema y siendo un buen modelo de comportamiento, vayamos a la parte táctica. ¿Qué debe hacer para difundir su mensaje y qué hacen realmente los expertos y gurús para construir sus imperios? Es terriblemente sencillo.

Resulta que casi todos los empresarios expertos y Mensajeros Millonarios, aquellos que han llegado realmente a millones de personas y han ganado millones de dólares, siguen el mismo plan. Este capítulo traza ese plan en 10 pasos y le servirá como plataforma de lanzamiento y lista de cosas para hacer.

Paso 1: Escoja y domine su tema

Aunque este paso suena muy simple y directo, desearía recibir un dólar cada vez que alguien me dice: "Brendon, ¿en qué tema debo ser experto?".

Esa pregunta es muy reveladora sobre nuestra comunidad y las personas que la conforman. Como industria, demuestra que las personas en general (y con razón) creen que pueden aprender y adquirir experiencia rápidamente. *Dime en qué debo ser experto* —parecen decir—, *y saldré y lo haré realidad.* Esa mentalidad es especialmente común en Estados Unidos, en donde la educación superior nos ha enseñado y dado la opción de escoger nuestras carreras.

Respecto a quienes hacen la pregunta, muestra que son verdaderamente *creativos*, o sea que están interesados en numerosos temas y pasiones. De hecho, la mayoría de los expertos que conozco son expertos en varios temas porque sus mentes y almas sienten curiosidad por muchas cosas a un mismo tiempo. La curiosidad no mata al creativo; lo hace sentirse vivo. Probablemente usted también tiene numerosos temas en los que podría volverse experto. Personalmente, me he convertido en experto no solamente en cómo sobresalir en la industria de los expertos, sino también en liderazgo, alto desempeño, motivación, resolución de conflictos, mediación, sociedades promocionales, patrocinio corporativo, recaudación de fondos sin ánimo de lucro, oratoria, desarrollo organizacional y mercadeo en línea. Tengo marcas de millones de dólares en varias de estas áreas. Mientras para algunos esto puede parecer fuera de su alcance o extenuante, para el creativo ese es el mundo —nuestra curiosidad, amor por el conocimiento y la educación, y el deseo de dominar nuestro mundo nos han ayudado a adquirir un gran conocimiento en varios temas.

Pero, usted descubrirá más adelante en este libro que entrenarse desde el principio para ser un experto en todo es, y seguirá siendo, una *pésima estrategia*. Si usted va a construir un verdadero imperio, es necesario que escoja un tema, lo aprenda, lo domine, lo comparta, gane reconocimiento por ello, y reciba unos buenos ingresos por enseñarlo. *Entonces* tendrá una verdadera base sobre la cual construir y *solo entonces* debería empezar a ubicarse a sí mismo como experto en otros temas. Sí, me escuchó correctamente —escoja *un* tema por el cual será reconocido, desarrolle un verdadero negocio sobre ese tema y, posteriormente, amplíe su horizonte. Puedo asegurarle, por mi experiencia personal y mi trabajo con miles de estudiantes y docenas de los más comprometidos y exitosos expertos del mundo, que esa es la estrategia correcta para los principiantes: un tema por ahora.

Entonces, ¿a qué tema se dedicará como experto? Como recordará, usted es o puede volverse rápidamente experto en cualquier tema obteniendo resultados, investigando y sirviendo de modelo de conducta. ¿Entonces? ¿Cuál es su tema?

Sé que estas preguntas son duras porque conllevan la palabra que todos los creativos detestan oír: ¡*concentración!* Si tiene problemas escogiendo su tema, déjeme ayudarlo. Si ya sabe cuál es su tema, esto le servirá de filtro para su decisión.

Escoger un tema para enseñar a otros es similar a escoger una pasión —algunas veces ella lo escoge a usted en lugar de lo contrario. Por eso quiero darle algunas categorías para que tenga en cuenta al decidir su tema.

Primero, escoja enseñar a otros un tema que *ya* le parezca fascinante y sobre el cual *ya* le guste mucho aprender. Si resulta que usted siempre está comprando y leyendo libros sobre liderazgo, esa es una señal: el liderazgo podría ser su tema. Si usted siempre está preguntándole a las madres qué han aprendido sobre la crianza de los hijos, esa es otra señal. Si usted posee docenas de audiolibros sobre mercadeo y ventas, es porque ya ama las ventas y el mercadeo, así que ¿por qué no optar por ayudar a otros a aprender sobre lo que usted ya aprendió?

Segundo, escoja un tema basado en algo que *le gusta hacer*. Si analiza sus últimos cinco años y descubre que le encanta comprar y vender casas, pues ya está "trabajando" en su tema. ¿Qué es lo que le gusta hacer? ¿Cuáles son sus pasiones? Esos son excelentes puntos para comenzar el proceso de escoger un tema. Tal vez, como Lorie Marrero, a usted le gusta organizar su casa y las de sus amigos —entonces puede convertirse en un experto en organizar hogares. O, como Roger Love, tal vez prefiera cantar y ayudar a otros a cantar y podría convertirse en un entrenador de voz.

Tercero, piense en algo sobre lo que *siempre haya querido aprender*. En todos los campos, los expertos comenzaron como estudiantes. Los mejores médicos del mundo, por ejemplo, no eran médicos expertos al nacer. Primero fueron estudiantes, luego practicantes y, por último, expertos. La parte bonita de la industria de asesorías y conocimientos prácticos es que usted se puede convertir en un experto en cualquier tema, lo cual significa que puede decidir reinventarse a sí mismo en cualquier momento. Usted define las condiciones de su carrera, y usted escoge el trabajo y el tema de su trabajo. Me parece que eso es muy satisfactorio. Entonces, ¿sobre qué le gustaría aprender para luego salir a enseñar a otros cuando haya obtenido resultados, investigado y sea un modelo de conducta? Cuarto, piense en lo que *ha vivido*. Ha tenido un momento decisivo, un gran triunfo o una tragedia que lo hace pensar: "Uy, enfrenté un gran reto y logré salir adelante, y ahora quiero enseñarles a otros para que no tengan que pasar tanto trabajo". ¿Ha tenido experiencias de vida o de trabajo que le dieron habilidades y perspectivas propias o una historia única que quisiera compartir? A veces, la manera más fácil de descubrir los señalizadores que nos indican lo que debemos hacer a continuación o en el futuro es recordar los hitos de nuestra vida. Yo decidí convertir mi accidente automovilístico y la consecuente transformación de mi vida en la inspiración que dio origen a mi trabajo y a mi conocimiento e interés en el potencial humano.

Finalmente, escoja un tema sobre el que esté dispuesto a hablar, y que desee *vivir y respirar* durante por lo menos los próximos cinco años. Esto es de vital importancia. Una vez, en uno de mis seminarios, una mujer se puso de pie llorando y exclamó que detestaba el agujero que había cavado ella misma en su carrera de experta. Nos contó que algún "gurú del mercadeo" le había dicho que —dado que un miembro de su familia se había suicidado— su misión era ayudar a otros a aprender sobre el suicidio y su prevención. Esta pobre mujer llevaba años recorriendo el país y hablando sobre el suicidio a los jóvenes, relatando y reviviendo continuamente la historia del suicidio de su hermana menor. Tras unos pocos años, era reconocida como experta, pero detestaba el tema que había escogido, aun cuando tenía un impacto positivo en la vida de muchas personas. La moraleja de la historia es que el tema se debe escoger cuidadosamente. Usted estará investigando sobre el tema, leyendo libros, entrevistando a otros expertos, escribiendo artículos, grabando videos y compartiendo su mensaje *durante años*. Así que escoja un tema que realmente le apasione.

Señalizadores para expertos:

1. Los temas que siempre he estudiado y me han fascinado en la vida son...

2. Las cosas que más me gusta hacer son...

3. Algo que siempre he querido aprender es...

4. Entre las cosas que he vivido que podrían inspirar e instruir a la gente sobre cómo vivir una buena vida o montar un buen negocio, está la época en que...

5. Partiendo de estas ideas, los temas en que me encantaría ser experto y hacer una carrera ayudando a otros, incluyen...

6. El tema por el que quisiera comenzar y construir una verdadera carrera y negocio es...

Paso 2: Escoja su público

Muchos vendedores leerán mi primer paso y pensarán que estoy loco. Dirán:

— Primero debe escoger su público, no su tema. Busque una clientela y descubra *lo que ellos quieren* —no lo que *usted quiere* darles o enseñarles—; luego ofrézcales lo que quieren.

Hasta cierto punto estoy de acuerdo con eso. Pero me he dado cuenta de que para los aspirantes a expertos esto se convierte a veces en el dilema de qué fue primero, si el huevo o la gallina. No existe una forma "correcta", así que no es muy grave si comienza por el paso 1 (escoger su tema) o el 2 (escoger su público).

Lo que sí es importante es que usted en algún momento decida *a quién quiere servir especialmente* en su nueva carrera. ¿Desea ayudar a los jóvenes, padres, mujeres, hombres, jubilados, empresas, empresarios, organizaciones sin fines de lucro? ¿Quién exactamente es su público objetivo? Una vez tenga en mente un grupo, profundice y defina la edad de su público ideal, las personalidades que encarnan y lo que hacen para vivir. La mejor práctica es reducir su público a un tipo reconocible de persona.

Después de decir esto, responderé a la pregunta más probable: "Brendon, tengo un mensaje importante, que puede ayudarle a todos en el mundo. ¿Realmente tengo que definir y limitar a mi público?". A eso suelo responder: Sí, tiene que hacerlo. Es maravilloso que su mensaje pueda servir a tantas personas, y le creo que servirá a la mayoría, pero el caso es que no tiene el *tiempo* ni los *recursos* para llegar a todo el mundo, aun si toda la humanidad necesita lo que usted tiene. Tiene que definir un público, no solo porque es probable que solo un público reducido realmente *necesite* y *compre* su mensaje, sino también porque *usted* necesita crear promociones efectivas y realistas. No puede hacer publicidad o venderle a todo el mundo, así que elija un grupo o tipo de persona para comenzar.

Escoger un público es similar a escoger su tema, en el sentido de que deberá encontrar personas parecidas a usted. ¿A quién le apasionan los mismos temas que usted? ¿A quién le interesa aprender las mismas cosas que a usted? ¿Quién ha pasado por experiencias de vida similares a las suyas? Otras preguntas para tener en cuenta.

Señalizadores para expertos:

1. Probablemente el público que más se beneficiaría de un entrenamiento en este tema es...

2. El público que probablemente pagaría más por el entrenamiento en un tema como el mío es...

3. El público que parece estar menos bien atendido en este tema es...

4. Las personas que necesitan informarse sobre este tema frecuentemente pertenecen a organizaciones como...

Paso 3: Descubra los problemas de su público

Todos los expertos son, antes que todo, estudiantes y servidores, así que es necesario que usted estudie a su público, descubra sus necesidades y les ofrezca los consejos e información práctica que pueden ayudarles a resolver sus problemas y mejorar sus vidas.

En Experts Academy enseñamos docenas de formas para llegar a conocer las necesidades y hábitos de compra de su público, pero aquí quiero compartir con usted lo que llamo mi "fórmula de comprensión del cliente". La fórmula consiste de cuatro sencillas preguntas con las que me gusta comenzar cuando conozco o analizo mi público ideal para poder entenderlos y servirles mejor. Son preguntas que usted puede hacerle a su público con el fin de conocer mejor lo que necesitan de usted:

1. ¿Qué es lo que quiere lograr este año?

2. ¿Qué cree que sería necesario hacer para duplicar su negocio (o felicidad) este año?

3. ¿Qué aspecto es lo que de su negocio o de su vida lo frustra más actualmente?

4. ¿Qué ha hecho ya para tratar de mejorar su situación? ¿Qué le dio resultado y qué no?

Las respuestas a estas preguntas me ayudan a entender las ambiciones, necesidades, frustraciones e intereses de mis clientes.

En general, cuanto mejor entienda al público y sus principales problemas y ambiciones, mayor será su capacidad para crear información práctica dirigida a resolver sus problemas, que ellos comprarán y consumirán. Cuanto mejor entienda lo que su público necesita, más preparado estará para darle la información que necesitan para mejorar sus vidas.

A continuación encontrará más preguntas para ayudarle a analizar las condiciones de vida de su público para determinar cómo ayudarlo.

Señalizadores para expertos:

1. Mi público suele soñar con lograr…

2. A mi público le preocupa no saber suficiente sobre…

3. Mi público busca frecuentemente en Internet frases como…

4. A mi público le gusta seguir a este tipo de personas y organizaciones en los medios y las redes sociales…

5. Mi público detesta tener que hacer cosas como…

6. Mi público frecuentemente paga muy bien por…

7. Si yo pudiera darle a mi público cualquier información que les ayudara a mejorar sus vidas, probablemente desearían estrategias sobre cómo…

8. Los pasos que mi público suele saltarse cuando intenta alcanzar sus metas son…

9. Teniendo en cuenta todas estas ideas, entre los conceptos prácticos que podría darle a mi público para ayudarlo a ser más feliz estarían algunas estrategias para…

Paso 4: Defina su historia

A todos mis clientes les hago una pregunta muy directa pero importante: ¿Qué historia de lucha y esfuerzo de su pasado demostraría a su público que usted ha vivido algo similar a lo que ellos viven ahora? Esa historia, más que cualquier título o una vida de éxitos en su área o industria, es con frecuencia el elemento clave para establecer su credibilidad.

Curiosamente, tendemos a relacionarnos con las luchas de los otros más que con sus éxitos. Por ello, para poder relacionarnos con nuestro público, tenemos que buscar puntos de contacto definidos por una experiencia compartida de retos y dificultades. En otras palabras, su público quiere saber que usted ha pasado por lo que ellos están viviendo.

Este punto suele desconcertar a los futuros expertos de culturas occidentales. Por ejemplo, en Estados Unidos, nuestra cultura nos ha enseñado a presumir de nuestros logros para lograr credibilidad. Se supone que debemos enumerar nuestros títulos, certificados, logros, membresías y cualquier afiliación que nos haga "ver bien". Debido a eso, muchos aspirantes a expertos suelen comenzar sus promociones o biografías presumiendo sobre lo maravillosamente talentosos y exitosos que son. Pero permítame hacerle una pregunta: ¿Ha salido alguna vez con alguien que no hacía sino fanfarronear de lo maravilloso que es? ¿Estableció una relación con esa persona? ¿Le interesó establecer un diálogo con ella? Probablemente no.

Es frecuente que las personas se relacionen inicialmente con los miembros de la industria de expertos basándose en nuestras historias de lucha. Después de eso —cuando ya creen en quiénes somos y lo que hemos vivido— se interesan por lo que sabemos y lo que hemos logrado.

Verá, toda persona que oye hablar de usted y de su carrera de experto se pregunta: ¿Quién es esta persona? ¿Qué ha tenido que sufrir, superar, descubrir y dominar? A partir de todo eso, ¿qué me puede enseñar que me ayude a mejorar mi vida?

Tenga en cuenta el orden de esas preguntas, ya que lo encuentro muy acertado y eficaz. El público quiere saber, en este orden:

1. ¿Quién es usted y qué retos ha enfrentado en su vida que se relacione con mi propia experiencia?
2. ¿Qué retos ha superado y cómo?

3. ¿Qué descubrió por el camino?
4. ¿En qué tuvo éxito y qué resultados obtuvo?
5. ¿Qué me va a enseñar que yo pueda aplicar ahora para mejorar mi vida?

Debido a que estas son preguntas que todo el mundo se hace cuando oye hablar de un experto, es necesario que usted trabaje en las respuestas que les dará. Luego usted deberá incluir esa respuesta en todas las comunicaciones que envíe a nuevos posibles clientes y miembros de su público. La extensión de su respuesta no es tan importante como la necesidad de que en ella —y en todo lo que hace y dice— se reflejen su buen corazón y su sinceridad.

Señalizadores para expertos:

1. Una historia de lucha de mi pasado, con la cual mi público podría relacionarse, es…

2. Algo que he superado en mi vida y que otros pueden encontrar inspirador es…

3. Las principales lecciones que he aprendido en mi viaje por la vida son…

4. Los logros y afiliaciones que tengo y contribuyen a mi credibilidad son…

5. Algunas lecciones que puedo enseñar a las personas sobre mi tema y que les ayudarán en su situación vital son…

Paso 5: Cree una solución

Ahora que usted ha comenzado a pensar en su tema, su público y en una historia personal que le dé credibilidad, es el momento de crear un producto o programa —una solución— que su público pueda seguir y comprar para llegar a donde desean ir.

Esta es la etapa en que la mayoría fracasa en nuestra industria. Todo el mundo quiere tener un impacto positivo y obtener ingresos como gurú y experto, pero pocos *hacen el trabajo* de sentarse y crear el programa práctico o sistema para venderle al público. Nunca escriben un libro o una alocución, jamás crean un seminario, establecen un programa de asesoramiento o graban los videos para sus cursos por Internet.

En parte, muchas personas nunca crean sus programas prácticos porque sencillamente no saben por dónde empezar o quedan abrumados por los malos consejos en nuestra industria (¡y hay muchos!).

Sin embargo, yo le facilitaré las cosas. Para comenzar, usted simplemente tiene que escoger *cómo* le gustaría que sus clientes reciban su información. Hay cinco formas o modalidades principales por las cuales las personas pueden aprender de usted. Conocer esas modalidades le ayudará a pensar cómo le gustaría ofrecer la información a su público.

La primera forma en que la gente puede consumir su información es *leyéndola*. Eso significa que usted puede crear soluciones prácticas escritas en forma de libros, libros electrónicos, cuadernos de ejercicios, artículos, boletines informativos, publicaciones en blogs, guías y transcripciones.

Segundo, su público tal vez quiera *escuchar* su información, lo que lo llevaría a crear CD de audio, archivos MP3, series de conferencias o llamadas personalizadas.

Tercero, las personas podrían *ver* su información en la televisión, la computadora o dispositivos móviles. Eso quiere decir que usted crearía programas de estudio en DVD, videos en línea y aplicaciones para dispositivos móviles.

Cuarto, sus admiradores y clientes tal vez deseen *conocerlo* a usted y su información en persona, lo que lo llevaría a crear eventos en vivo tipo seminarios, talleres, retiros y exposiciones.

Finalmente, un segmento de su público siempre querrá *dominar* su información y tener mayor acceso para recibir entrenamiento directamente de usted. Para servirles a ellos, usted puede crear programas y servicios de asesoramiento exclusivos, planeados y organizados para ellos.

Esas son las formas en que el público puede consumir su información —querrán leerla, escucharla, verla, experimentarla o dominarla en un plazo más largo. Muchos querrán todas estas cosas, así que su trabajo es decidir en qué modalidad le gustaría enseñar y qué modalidad o modalidades usará para presentar su solución. En general, también es útil saber que cuanto más progresamos en este espectro de modalidades, desde la información escrita hasta el dominio del tema, las personas darán más valor a la modalidad y usted podrá cobrar más. Por ejemplo, las personas ven un seminario de tres días en vivo como algo más valioso que un libro y, por tanto, están dispuestos a pagar más por él.

Esto implica que, para servir a sus clientes y ganar dinero en esta industria, usted *tiene que* crear un programa para vender. Miles de personas querrán comprar su cerebro y sus consejos. Como usted es uno solo, crear una solución a la que puedan acceder personas y comprarla es fundamental para su éxito y para perpetuar su mensaje.

Entonces, ¿qué tipo de solución le gustaría crear primero para su público? ¿Un libro? ¿Un programa de audio? ¿Un programa de entrenamiento en video? ¿Un evento de entrenamiento en vivo? ¿Un programa de asesoramiento? No hay respuestas correctas ni incorrectas, pero es fundamental que usted escoja y cree algo para venderles a las personas si quiere ayudarles.

Si algún aspecto le suena abrumador, no se preocupe. En el siguiente capítulo le mostraré un sencillo plan de un millón de dólares que combina efectivamente estas modalidades y no requiere que usted venda decenas de miles de productos para ganar unos ingresos considerables.

El siguiente paso en la creación de su solución es, desde luego, crear los *contenidos* que irán en sus productos y programas. Este es uno de los temas más populares en Experts Academy: *cómo* crear excelente información práctica y programas de entrenamiento. Lo esencial de mi sistema es descubrir lo que el público necesita saber para pasar del punto A al punto B en sus vidas. ¿Qué proceso o qué pasos deben realizar para alcanzar sus metas? Comience a pensar en eso y descubrirá mucho del contenido y la forma de organizarlo. A partir de ahí, usted se concentra en cada paso y pone ejemplos, explica obstáculos comunes, secretos para tener éxito, etc. Usted esencialmente crea una solución práctica que ellos puedan seguir hasta alcanzar el éxito. Ese es el proceso de los expertos de alto nivel para la creación de su materiales.

Señalizadores para expertos:

1. Cuando mi público vaya a recibir mi información, probablemente querrá adquirirla mediante estas modalidades... [Opciones: leerla, escucharla, verla, experimentarla, dominarla]

2. La modalidad en que más me gustaría enseñar sería... [Escribiendo, grabando en audio, presentando la información en video, entrenando en eventos en vivo, o haciendo sesiones de asesoramiento de mayor duración]

3. A partir de estas ideas, creo que el primer producto o programa práctico que crearé para mi público será...

4. Para obtener resultados, mis clientes necesitarán información práctica que les ayude a ir del punto A, al principio, al punto B, su destino. Los pasos que tendrán que realizar en ese viaje son...

5. Mientras realizan esos pasos, mis clientes tendrán que tener en cuenta...

6. Algunos de los errores que la gente comete habitualmente al seguir estos pasos son...

7. Un bosquejo de mi nueva solución práctica para mis clientes podría verse así... [¡Sí, cree su bosquejo del nuevo producto o programa hoy mismo!]

Paso 6: Cree un sitio web

Ahora que tiene un mensaje, un público, una historia y una solución, es hora de darse a conocer en Internet y comenzar a cultivar admiradores y a construir un negocio que promueva sus consejos y programa práctico.

Gracias a la tecnología moderna, crear un sitio web decente ya no es una barrera para nadie que tenga una computadora. Mi trabajo no es decirle que necesita un sitio web: usted ya lo sabe. Tampoco es decirle *cómo* construir el sitio. Existen muchas herramientas gratuitas de creación de sitios web, así como diseñadores web de muy bajo costo vía Elance.com.

En su lugar, déjeme decirle tres cosas que su sitio web *debe hacer* para comenzar a construir su imperio de experto.

Primero, su sitio web debe ofrecer algo valioso. Esto debería ser algo obvio en la sociedad actual, pero no lo es. El sentido de tener un sitio web de experto es ofrecer información útil a quienes la necesitan. Pero, si las personas visitan su sitio y no encuentran sino meditaciones al azar sobre su vida, sus publicaciones en Twitter sobre la caminata del perro o una lista exhaustiva de sus servicios y tarifas, usted no estará ofreciendo un valor agregado y no llegará a ninguna parte en el futuro inmediato.

Lo que los clientes esperan de un experto y su sitio web ha cambiado sustancialmente en los últimos cinco años. Hoy en día, los visitantes de su sitio quieren ver publicaciones del blog, artículos y videos que ofrezcan algo valioso a sus vidas. Ellos no están interesados en verlo presumir de quién es, hablar sobre lo mucho que cobra o explicar lo que va a hacer con su vida. Quieren contenido y entrenamiento, y su misión es darles eso gratuitamente en su sitio web con el fin de establecer una relación con ellos y entregarles algo valioso. Esa es la primera regla de todo negocio: ofrecer algo valioso.

Segundo, su sitio web debe seguir la pista. Si su sitio web está dándoles algo valioso a las personas, la noticia comenzará a difundirse y, pronto, usted tendrá cierto tráfico en su sitio. En ese punto, algo tiene que suceder: usted tendrá que obtener los nombres y correos electrónicos de sus visitantes. Eso se hace ofreciendo entrenamiento y recursos gratuitos a cambio de los nombres y correos electrónicos. Usted ha visto esto: *Suscríbase a nuestro boletín de noticias y recibirá...*

Seguirles la pista a sus visitantes es uno de los buenos hábitos clave porque, en nuestra industria, la extensión de su lista de suscriptores al boletín casi siempre es directamente proporcional a sus ingresos e influencia. Obviamente, una vez usted tiene los datos personales de sus clientes, puede seguir enviándoles información gratuita, fomentar la relación y, sí, ofrecerles los productos y programas que vende. Cuanto más admiradores, seguidores y suscriptores tenga, más dinero recibirá y... eso nos lleva al siguiente punto.

Tercero, ¡su sitio web tiene que producir dinero! También es obvio, pero me sorprende ver que muy pocos expertos tienen un sitio web que presente efectivamente y venda sus programas prácticos. En su página principal, usted debe presentar los productos que ha sacado a la venta recientemente y, cuando el cliente hace clic en el enlace para ver más información al respecto, usted debe tener una estrategia de mercadeo efectiva que los induzca a comprar el producto. Obvio, ¿verdad? Pero, ¿cuán bien funciona su sitio web actualmente en términos de producción de dinero e impacto en las ventas totales?

La mayoría de las personas contestan que sus sitios web no son nada eficaces cuando se trata de cumplir esos objetivos. Por eso, yo creé el modelo o maqueta llamado "Homepage ATM", para que los expertos se lo muestren a sus diseñadores web. En uno de los videos gratuitos que usted recibirá cuando se suscriba en ExpertsAcademy.com, usted y su diseñador aprenderán cómo crear un sitio web efectivo que produzca dinero mientras usted duerme. La idea fundamental es seguir las estrategias del siguiente paso.

Señalizadores para expertos:

1. Si yo fuera a diseñar mi sitio web ideal, la información y valor que quisiera ofrecerle a mis visitantes serían cosas como…

2. Lo principal que las personas querrán aprender al visitar mi sitio web es…

3. El regalo que podría darle a mis clientes a cambio de sus datos personales es…

4. Los productos y programas que quiero que mis clientes conozcan y compren son…

Paso 7: Hágale campaña a sus productos y programas

Una vez su sitio web esté montado y todo el mundo pueda conocerlo y comprar sus productos, habrá llegado el momento de atraer gente con productos gratuitos y, más tarde, ofrecerles algo en venta.

En este paso me gusta usar la palabra "hacer campaña", en lugar de "promover", porque una campaña de valor agregado es definitivamente diferente a la promoción. Una promoción es una pieza individual de mercadeo o una serie de puntos de contacto con el cliente. Es una postal de promoción, un folleto o un correo electrónico que dice esencialmente: "¡Oye, compra mis productos!". Si no funciona, se envía una y otra vez hasta enloquecer al cliente.

Por el contrario, una campaña de valor agregado es diferente y definitivamente la mejor táctica en nuestra industria. Para definir los términos, *una campaña es una secuencia estratégica de promociones que incita el comportamiento deseado en el cliente.* En una típica campaña de valor agregado en la industria de expertos, enviamos una serie estratégica de comunicaciones de valor y contenidos reales a los clientes. Entregamos estas dosis de contenido gratuito y, en la última comunicación de la serie, les decimos: *"Oye, si te ha gustado el entrenamiento gratuito que te acabo de enviar, te encantará mi nuevo programa* [nombre del producto]".

Este sistema de mercadeo ha demostrado repetidamente su efectividad en nuestra industria. Al enviarle al cliente productos de verdadero valor antes de ofrecerle algo en venta, se establece el tipo de confianza, valor y reciprocidad que ayudan al cliente a sentirse cómodo al decidirse a comprar nuestros productos y programas.

Un ejemplo de esto fue mi último gran esfuerzo de mercadeo en línea —que generó más de $2.000.000 en tan solo 10 días—, en el cual envié tres valiosos videos de entrenamiento y, en el cuarto, les dije: "Si te gustó eso, aquí encontrarás la información sobre mi nuevo programa que te ayudará a...". Visite mi sitio web, suscríbase a mi lista y verá cómo lo hago. Es más sencillo de lo que la gente espera.

Aunque todo esto puede sonar muy técnico, y suele ser abrumador para los recién llegados a la industria, no se desanime; el mercadeo es realmente muy fácil hoy en día. Envíe buena información que contribuya a mejorar la vida de las personas y luego dígales: "Oye, si te gustó eso, te *encantará* esto otro". Es así de simple. El *factor fundamental del éxito* es asegurarse de que su información *gratuita* sea verdaderamente *valiosa y aplicable.* Sobra decir que si sus contenidos gratuitos son ridículos, los clientes no comprarán sus productos.

Desde luego, como parte de su campaña, usted tendrá que comunicarles efectivamente a sus clientes *por qué* deben creer en usted y comprarle productos. Tendrá que cumplir con todas las condiciones básicas del mercadeo: crear una relación, describir efectivamente los problemas de sus clientes y cómo sus soluciones les ayudarán a superarlos, sustentar su credibilidad, informar a sus clientes los beneficios de su solución, presentar testimonios de personas que han tenido éxito al seguir sus consejos, y dar un buen precio y garantía. He descubierto que la mayoría de la gente no sabe hacer esto y, por eso, organicé mi seminario de la forma en que lo hice. Ningún programa del mundo entra en más detalle sobre el mercadeo de información práctica que el de Experts Academy. En el limitado espacio de este libro no puedo darle un curso completo sobre las bases del mercadeo. Pero, para ayudarle a comenzar, en los *Señalizadores de experto* de este paso me he concentrado en mostrar cómo pensar en el desarrollo de una campaña y cómo explicar el valor de su información y programas.

Y una cosa más sobre hacer campaña: *usted nunca termina de hacer campaña*. Usted es un mensajero con una misión, y por tanto sabe que su meta es difundir su mensaje tan lejos y a tantos como sea posible. Si eso es cierto, usted debe crear campañas que automática y permanentemente aparezcan en su sitio web. Usted debe hacer todo lo posible por difundir su mensaje de manera estratégica, eficaz y constante.

Señalizadores de expertos:

1. Para ofrecer algo valioso a las personas antes de venderles nada, podría enviarles algunos materiales tales como…

2. El primer producto que quiero venderle a mis clientes es…

3. Este producto ayuda a las personas a… Ese es el motivo por el cual las personas deben comprarlo.

4. Este producto da al cliente los siguientes beneficios para su vida…

5. Lo que diferencia este producto de otros es…

6. Sé que este producto produce resultados a las personas porque…

7. La razón por la que el precio de este producto es fantástico es que...

8. Para pagar el precio de este producto, las personas deben creer que...

9. El motivo por el que las personas necesitan comprar este programa ahora es...

Paso 8: Publique contenidos gratuitos

En nuestro mundo hiperconectado, dos cosas atraen tráfico y atención a su trabajo: los motores de búsqueda (o buscadores) y las redes sociales. Y lo único que genera de veras el interés tanto de los motores de búsqueda como de las masas es el *contenido* publicado en línea.

Usted debe publicar en línea artículos, blogs, podcasts y, más importante aún, videos de entrenamiento gratuitos y de alta calidad. Si abarrota estas publicaciones de palabras clave relacionadas con su marca, tema y mercado, los motores de búsqueda empezarán a encontrarlas y a calificar su sitio y contenidos cada vez mejor en sus páginas de resultados. Por ejemplo, si usted sube quince videos sobre su tema en YouTube y dirige el tráfico hacia las páginas de YouTube en las que están puestos, empezará a ver que esos videos ascienden en las páginas de resultados de Google.

Un ejemplo de la vida real. Antes de que este libro fuera publicado, si usted escribía "Millionaire Messenger" en el buscador de Google, no aparecía ningún resultado relacionado con el libro. Como yo no tenía ningún contenido publicado y etiquetado con "Millonaire Messenger", Google era incapaz de encontrar resultados. Así que grabé un video de doce minutos sobre el libro, en el que explicaba conceptos de este capítulo, y lo publiqué en YouTube. Luego coloqué un vínculo al video en mis páginas de Twitter y Facebook y lo envié por correo a mis suscriptores. Veinticuatro horas después, cuando alguien buscaba en Google la frase "Millionaire Messenger", el video se encontraba al principio en los resultados.

Si usted es como la mayoría de los futuros expertos, esta idea de publicar contenidos gratuitos en línea le parecerá un poco alarmante. Casi todas las personas a las que conozco temen "dar demasiado por adelantado" o que "se les acabe el material para enseñar". Esas dos preocupaciones expresan una falta de perspectiva y un malentendido sobre la forma en que realmente funcionan el comercio y la creatividad.

En términos generales, usted debe entregar sus mejores consejos e ideas de forma *gratuita*. Sí, gratuita. No estoy diciendo que entregue *todo* gratuitamente, sino que sus mejores ideas sean gratis. Con frecuencia les digo a las personas que "debuten con lo mejor que tengan", porque con frecuencia no tendrán otra oportunidad de probar su valor. En otras industrias la gente parece entender eso, pero en la nuestra no. Por ejemplo, pocos bien remunerados profesionales en el mercado corporativo recibirían un proyecto y dirían: "Bueno, haré un esfuerzo promedio para este proyecto y, el año entrante, daré lo mejor de mí". Si hicieran eso, muy pronto se encontrarían desempleados.

En su proyecto, usted debe poner sus mejores contenidos como "gancho inicial". Es simple: si el material que la gente recibe de usted es gratis e increíblemente bueno, estarán más dispuestos a comprar sus otros productos. Pensarán "Dios, si esta es la calidad de lo que esta persona ofrece gratuitamente, ¡lo que *vende* debe ser realmente excepcional!".

Sobre la preocupación de "agotar" los contenidos para enseñar, anímese. Como experto usted siempre está aprendiendo nuevas cosas sobre su tema y siempre está recibiendo retroalimentación de sus clientes. Sus ideas, perspectivas y sabiduría crecerán con el tiempo.

Para comenzar, usted debe pensar en publicar artículos cortos en su blog (use Wordpress), y videos en YouTube y Facebook. Eso le ayudará a difundir su mensaje y comenzar a atraer atención. Los contenidos pueden ser cualquier consejo o estrategia práctica sobre su tema. Un amigo mío, Mike Koenings, suele decirles a sus clientes que publiquen diez videos en YouTube, cada uno respondiendo a una de las diez preguntas más frecuentes de sus clientes.

Lo importante es que cuanto más contenido publique en línea, ya sean artículos o videos, más lo encontrarán los motores de búsqueda. Y, además, estará dándole a sus seguidores información valiosa que ellos pueden ayudarle a difundir por medio de sus redes sociales. A más contenido publicado, más tráfico, más dinero y mayor exposición.

Señalizadores para experto:

1.   Diez artículos breves que podría escribir y publicar en mi blog podrían abordar temas tales como...

2.   Diez videos cortos que podría crear y publicar en YouTube podrían tratar temas tales como...

3.   La "más fabulosa idea" que tengo para mis clientes y que podría ofrecer gratuitamente ya, en video y artículos en línea, es...

4.   Las palabras clave que quiero resaltar en mis artículos o videos para que sean optimizadas y obtener buenos resultados en los buscadores incluyen frases como...

5.   Cuando pongo todos esos contenidos gratuitos en línea, mi meta es que el cliente los lea, escuche o vea y luego haga lo siguiente: ...

Paso 9: Consiga socios promocionales

Usted solo podrá difundir su mensaje hasta cierto punto. Por eso es importante comenzar a buscar otros expertos en la comunidad que tengan públicos que podrían estar interesados en sus temas y programas. Si usted logra que esos expertos promuevan su mensaje entre sus admiradores, seguidores y suscriptores, inmediatamente ampliará la difusión de su mensaje y sus ingresos.

Siempre me sorprende ver cuan poca gente que hace esto resuelta y estratégicamente. He conocido a miles de personas con mensajes importantes, historias e información práctica, que nunca pensaron en conseguir un colega o líder en su industria que los promoviera. Supongo que siguen esperando que Oprah los toque con su varita mágica algún día.

En mi caso, yo siempre estoy asistiendo a conferencias, ampliando mi red de contactos, investigando y buscando nuevos socios que me ayuden a llegar a más gente con mi mensaje. Constantemente contacto a "gurús" en diversas industrias y les ofrezco entrevistarlos para mi público, ayudarles con su mercadeo en línea o, simplemente, les pregunto en qué les puedo ser útil. Me guío por este precepto: da y recibirás. Creo firmemente que si doy algo valioso a otros en mi industria, algún día ellos me corresponderán de alguna forma.

Nada es más útil para su mensaje que el hecho de que otros lo promuevan más allá de lo que usted por sí solo podría hacerlo. Así que comience a buscar socios promocionales. En general, si usted está dispuesto a serles útil y promover sus mensajes, muchos estarán dispuestos a hacer lo mismo por usted.

El logro de esto comienza con una investigación básica en Internet. ¿Quiénes son los otros expertos en su tema? Una forma rápida de descubrir esto es buscar en Google palabras clave específicas de su tema. Otra forma ingeniosa es visitar el sitio web de una agencia de oradores. Simplemente busque "agencia de oradores" en Google y revise quién más está dedicado a su tema. La mejor manera de descubrir y conocer a otros expertos es asistiendo a conferencias de la industria. Una vez sepa quién más está enseñando su tema, será hora de averiguar lo que le ofrecen a su público, cuán extensa es su lista de seguidores, qué productos venden, cuáles son sus valores y prioridades, etc. La mayoría de eso aparecerá directamente en sus sitios web. Luego, usted necesitará establecer contacto con ellos. Más adelante en este libro me referiré a esto con mayor detalle.

Su meta al trabajar con socios promocionales siempre es tener la oportunidad de compartir su información con las audiencias de ellos. Usted desea que lo entrevisten en un seminario de televisión o realicen un seminario web con usted, promuevan un informe o video suyo publicado en línea o le recomienden a su gente consultar su blog. Usted quiere que ellos lo presenten. Su segunda meta es convertir esa presentación a un nuevo público en ingresos, ofreciéndoles algo en venta. Esto se denomina mercadeo por afiliación y lo analizaremos más adelante.

Finalmente, hay un motivo por el cual este paso viene tras los otros. No pretenda que otros promuevan su mensaje a menos que ya haya cumplido exitosamente con los ocho pasos anteriores. Es una locura pedirle a alguien que lo promueva si usted desconoce su tema, público o historia, o si aún no tiene un producto, sitio web o una campaña creada y puesta a prueba. Francamente, hasta que no haga eso, usted no debería permitir que lo promuevan aun si se ofrecen a hacerlo. De hecho, tengo varios clientes que han sido presentados por Oprah y están totalmente arruinados. Tuvieron sus quince minutos de fama con el mejor socio promocional en la historia, pero no tenían la infraestructura de apoyo para monetizar dicha atención. Esto sucede todo el tiempo. Dese por advertido y no permita que le suceda. Primero construya algo real; luego pídale a otros que le ayuden a ampliarlo. Hablaremos más sobre las sociedades en otros capítulos. Por ahora, recuerde que es fundamental comenzar a buscar socios promocionales, así que asegúrese de completar los señalizadores siguientes.

Señalizadores para expertos:

1. Otros expertos que trabajan en mi tema son... [Sugiero hacer una hoja de cálculo con toda esta información]

2. La cantidad de seguidores que tienen en Twitter y Facebook es...

3. Entre los productos que ofrecen para la venta en sus sitios web están...

4. Los precios que ofrecen a su público son...

5. Los valores que parecen guiar su vida son...

6. Frases comúnmente usadas por esta persona: ...

7. Algunas de sus prioridades son...

8. La información que poseo y podría ser de valor para su público es...

Paso 10: Repita y construya el negocio basándose en la distinción, excelencia y servicio

Ninguno de estos pasos es algo que se hace solamente una vez. Usted siempre estará profundizando su comprensión del tema y su público, creando nuevos productos, actualizando su sitio web, montando campañas y consiguiendo nuevos socios promocionales. Ese es el trabajo de un Mensajero Millonario.

Me gustaría que, a lo largo de su carrera, recuerde tres valores que me han sido de inmensa utilidad en nuestra industria y me han ayudado a difundir mi mensaje entre millones de personas.

Valor # 1: Distinción

El primer valor es la *distinción*, ser único. Si usted está siempre atento a ser usted mismo y dar a sus clientes información valiosa y contenido original, alcanzará el tipo de éxito con el cual otros sueñan. La vida, y nuestra industria, no premia las cosas hechas en serie ni a los imitadores. Cuanto más se esmere en ser usted mismo y demostrar su singularidad a sus admiradores y seguidores, más influyente será.

En lo que se refiere al contenido, considero que la distinción es mi mayor ventaja. Probablemente se lo debo a mi padre, que cuando daba un consejo sobre cualquier tema, siempre añadía: "sé tú mismo". He seguido ese consejo siempre en los negocios y lo he integrado a mi vida estratégica y resueltamente. Como he investigado seriamente sobre mis colegas y sobre la información y programas disponibles para mis clientes, sé *exactamente* en qué me diferencio yo y en qué se diferencian mis contenidos del resto. Eso me permite ser muy persuasivo en mi mercadeo: *"Oigan, escojan mi programa porque da más que eso y menos de aquello, y lo ayudará específicamente a…"*. Le digo esto porque creo que es absolutamente fundamental para su éxito a largo plazo que no pierda de vista la industria y sus mejores prácticas, de manera que sepa en qué lugar se ubican sus contenidos e información en relación al resto de ofertas del mercado.

Valor # 2: Excelencia

El siguiente valor que le recomiendo integrar en su imperio de experto es la *excelencia*. Sobresalir en cualquier papel, carrera o industria es fácil si usted da a la excelencia mayor importancia que los demás. Para mí, la excelencia es hacer siempre el mayor esfuerzo posible y tener una pasión tal por su carrera y clientes que lo lleve a ofrecerles un producto igual o mejor que todas las demás opciones disponibles. Se trata de luchar para llegar a ser el maestro y líder en lo que hace.

Con frecuencia le pido a mis clientes que consideren que la excelencia en nuestra industria es de 360°: tenemos que exigir excelencia a nosotros mismos, a nuestro personal e, incluso, a nuestros clientes.

En nuestro propio trabajo debemos exigirnos mejorar continuamente. Es fácil no hacerlo porque, como mensajeros, nos encontramos frecuentemente rodeados de admiradores y seguidores. Así que es fácil abandonarse, dejar de ampliar el horizonte y entregar cada vez productos de menor calidad. Pero los maestros de esta industria siempre están luchando por ser mejores escritores, oradores, facilitadores, entrenadores, vendedores, hombres de negocios, líderes y servidores. Están impulsados por un ansia de crecimiento y por ser los mejores en lo que hacen. Y saben que eso beneficia a sus marcas y negocios. Como lo expresó mi amiga Paula Abdul cuando se apareció y sorprendió a mi audiencia en Experts Academy: "En la milla extra no hay tráfico".

Debemos ser los embajadores de la excelencia ante nuestro personal y nuestros contratistas. Debemos guiarlos de tal manera que desarrollen la obsesión de ser los mejores en lo que hacen. Esto puede parecer obvio, pero la mayoría de los expertos y empresarios no consideran su trabajo como un verdadero negocio y, por tanto, omiten este aspecto fundamental de un negocio exitoso.

También tenemos que motivar a nuestros clientes a ser los mejores en todo lo que les enseñamos. La triste realidad es que la mayoría de las personas no tienen a alguien que los motive a ser mejores personas y mejores en lo que hacen. Así que *sea usted esa persona* para su cliente. Motívelos a ser los mejores y buscar la excelencia en todo lo que hacen. Es increíble lo que sucede cuando usted hace eso. Repentinamente las personas empiezan a verlo como su entrenador de vida y hay más probabilidades de que se conviertan en admiradores y clientes de por vida. Se dicen a sí mismos: "Guau, este experto me impulsa a ser mejor y me lleva por el sendero del crecimiento y la excelencia. Lo admiro". Entre más exija a las personas responsabilidad y niveles de excelencia, más se comprometerán con usted, su trabajo y el valor que les ofrece —porque nadie más hace eso por ellos.

Valor # 3: Servicio

La base de lo que hacemos en la industria de expertos es el servicio a otros. Me encanta que nuestra industria esté basada en ayudar a otros ofreciéndoles información valiosa que puede mejorar sus vidas. Ese será su trabajo de aquí en adelante.

Veo el valor del servicio en dos formas. Primero, significa hacer este trabajo desde ese lugar del corazón y la mente que nos impulsa a servir a los demás. El experto empresario que llega a millones de personas y hace millones de dólares, el Mensajero Millonario, entra y se queda en este negocio por los motivos correctos. Quiere ayudar a otros. Tiene una profunda relación con aquellos a los que sirve. Realmente quiere ayudar a otros a resolver sus problemas y cumplir su potencial. Crea magníficos productos e información no porque eso lo hará millonario sino porque contribuirá a mejorar millones de vidas.

Todos los Mensajeros Millonarios que he conocido están impulsados por la empatía, la compasión y el altruismo. Sus familiares y amigos afirman que tienen un gran corazón, y muchos en sus comunidades los llaman "hacedores de buenas obras". Es como si estuvieran tan conectados a la idea de ayudar a otros con lo que saben que, si les quitaran su negocio, quedarían totalmente perdidos. Los Mensajeros ven su trabajo en la forma en que la mayoría de las personas ven el voluntariado: como una oportunidad para dar de corazón. Son líderes de servicio.

El valor de servir no solo significa hacer las cosas por el motivo correcto; también significa hacer las cosas bien cuando se trata de servir al cliente. Nuestra industria necesita cuidar mejor de sus clientes y abordar el servicio al cliente de manera aun más seria que las empresas de *Fortune 500*. Tenemos que entregar lo que prometemos, tener personal disponible para responder inmediatamente correos electrónicos y llamadas, cumplir con las garantías que ofrecemos y tratar de dar siempre a nuestros clientes un producto o servicio verdaderamente valioso. Estas ideas son válidas para cualquier negocio, pero la naturaleza de nuestro trabajo nos obliga a poner aun más énfasis en la excelencia en el servicio al cliente. En esta industria es frecuente que su nombre sea su negocio: piense en Tony Robbins. Si usted no cuida a sus clientes, la mala fama se difundirá rápidamente. Su nombre, su marca y todo su negocio pueden ser destruidos en segundos si usted no cuida a sus clientes. Y por el motivo que sea, los clientes maltratados en nuestra industria —más que en cualquier otro sector de la economía— expresan su desencanto en Internet. Las críticas a los expertos son algo común, la gente disfruta persiguiendo a los expertos y gurús en cualquier área. Por eso usted siempre debe cuidar a sus clientes.

Señalizadores para expertos:

1. Lo que me hace único en la industria es...

2. El motivo por el cual estoy comprometido con la excelencia en todo lo que hago es...

3. La principal razón por la que hago esto es...

El objetivo de este capítulo era darle una idea general de su nueva carrera. Siga estos 10 pasos repetidamente y comenzará a construir un gran imperio de experto. En el siguiente capítulo veremos el verdadero funcionamiento y de dónde procede el dinero en esta industria. Usted verá cómo los expertos empresarios se convierten en Mensajeros Millonarios por medio de cinco sencillos programas. Antes de seguir, recuerde hacer su "tarea" y todos los ejercicios de Señalizadores para expertos.

Capítulo seis

EL MAPA FINANCIERO DEL MENSAJERO MILLONARIO

Siempre que les digo a las personas que pueden hacer una buena obra y generar ingresos al mismo tiempo hablando de su historia de vida y consejos, suelen mirarme como si me hubiese vuelto loco. Muchos me miran como diciendo: "Claro, hombre. Muéstrame el dinero. ¿De dónde vienen todos esos dólares que hacen los 'mensajeros millonarios?'".

Me han mirado de esa manera suficientes veces para saber que es importante que hable del dinero con usted. Eso haré en este capítulo, pero déjeme aclarar algunas cosas antes de sumergirnos en los dólares.

Primero, me parezco mucho a muchos de mis lectores: el dinero desempeña un papel secundario en mi vida. La verdad es que me mueve mucho más ofrecer mi mensaje que tener el dinero para comprar algún antojo. Supongo que eso es resultado de la forma en que me educaron. Cuando era joven, mis padres —ambos trabajaban tiempo completo— nunca ganaron más de $40.000 entre los dos. No teníamos mucho cuando yo era niño y supongo que nunca soñé con una gran riqueza material.

Sin embargo, en los últimos años he aprendido una lección muy importante sobre el dinero: *el dinero es un gran amplificador.* Si usted quiere que su mensaje se difunda de forma increíble y quiere mantenerlo vivo, el dinero le permite hacerlo. Parece extraño que escriba eso pero, después de trabajar con decenas de miles de expertos, sé que es cierto. Usted sencillamente necesita producir dinero para continuar ofreciendo y preservando su mensaje.

Es por eso que en este capítulo seré muy franco sobre el dinero y cómo se produce en nuestra industria. No quiero que usted sea otro aspirante a escritor, orador, asesor, líder de seminarios o vendedor en línea cuyo mensaje muere porque usted tiene que gastar todo su tiempo haciendo trabajos secundarios poco satisfactorios que lo alejan de su vocación y mensaje.

Entonces, ¿cómo ganan dinero los expertos? ¿Cómo podría usted ganar un millón de dólares sin establecer una gigantesca organización que asfixie su libertad empresarial? Es mucho, mucho más sencillo de lo que se imagina.

Los seis pilares de las utilidades de los expertos

Los expertos ganan dinero por medio de una o más de las siguientes actividades:

- Escribir
- Hablar
- Dar seminarios
- Dar asesoramiento
- Consultorías
- Mercadeo en línea

Como escritores, los expertos escriben sus consejos e información práctica y cobran por ello. Aunque para los expertos escribir un libro es la forma más común de monetizar la escritura, existen otras opciones. Mis clientes y yo hemos ganado dinero vendiendo folletos (el pariente breve del libro, generalmente de 20 a 50 páginas), libros electrónicos (versiones electrónicas cortas de libros, generalmente de 20 a 50 páginas), guías de instructor (manuales de 'entrene al entrenador' sobre mis temas), blogs por suscripción (en los que las personas pagan una tarifa para ingresar a leer y tienen un nombre de usuario y clave), series de artículos y suscripciones mensuales a boletines de noticias (entregado directamente en los hogares de mis clientes una vez al mes a cambio de una tarifa).

Como oradores, los expertos obtienen ingresos haciendo presentaciones sobre su tema en uno de tres formatos. Primero, pueden ofrecer sus servicios como oradores, cobrándole a las organizaciones una tarifa por una conferencia que generalmente dura de 30 a 90 minutos. Cuando su presentación es de mayor duración, entre dos horas y dos días, el orador asume el papel de entrenador y la información que ofrece a las organizaciones es mucho más detallada. Por último —algo que se ha vuelto muy lucrativo en la última década— los oradores obtienen ingresos haciendo "ventas de plataforma", lo cual significa que hablan en los escenarios de sus promotores y ofrecen para la venta sus productos y programas de mayor costo directamente al público asistente. En esencia, enseñan su tema durante 80 minutos más o menos y luego, en los últimos 10 o 15 minutos, ofrecen sus programas para la venta al público. En este formato, a los "presentadores de plataforma" no se les paga por su conferencia: sus ingresos provienen únicamente de las ventas al público. En este caso, el orador divide los ingresos a la mitad con su promotor. En el mundo de hoy, muchos oradores también obtienen importantes ingresos con videos de entrenamiento en línea, pero ese tema lo trataré más tarde.

Como líderes de seminarios, los expertos son los anfitriones de sus propios eventos en vivo. Estoy reuniendo todos los eventos de entrenamiento en vivo bajo el nombre "seminario", pero pueden ser descritos como talleres, conferencias, retiros educativos, cursos intensivos de entrenamiento, fines de semana de transformación, etc. Los seminarios, como mostraré más adelante, son con frecuencia los pilares más lucrativos para el experto. También son uno de los principales métodos de posicionamiento que puede usar un experto: si usted hace un seminario en vivo sobre su tema, muchas personas lo verán como la autoridad en el tema (y muchos otros oradores querrán presentarse en su escenario).

Como entrenador de vida y empresarial, el experto gana dinero cobrándoles a los clientes por sesiones individuales o grupales de entrenamiento. La forma más común del entrenamiento es similar al modelo terapéutico: los clientes le pagan al entrenador de vida por hora. Esto implica que el entrenador de vida hable con sus clientes en persona o por teléfono durante una hora a la semana o al mes. En el modelo de entrenamiento grupal más flexible y lucrativo, el entrenador de vida puede reunirse semanal o mensualmente con un grupo de clientes, enseñando parte de la sesión y luego realizando sesiones de preguntas y respuestas.

Como consultores, los expertos obtienen dinero cobrándole a las organizaciones, normalmente por hora o por proyecto, por sus servicios en la creación, desarrollo y terminación de un proyecto específico. En la nueva economía mundial, este es normalmente el sistema que exige un mayor trabajo del experto para producir dinero. Usted tiene que encontrar las organizaciones cliente, presentarles sus servicios y luego trabajar individualmente o con su equipo para conseguir un acuerdo. Yo rara vez recomiendo este modelo a mis expertos, por los problemas de tiempo y la poca flexibilidad que brindan. Es muy difícil adaptar un modelo de entrenamiento para un grupo grande sin aumentar el personal pero, como muchos lo han logrado, aquí lo incluyo. Dependiendo de sus metas, la consultoría puede ser una excelente opción, especialmente si a usted le gusta resolver problemas organizacionales de mayor magnitud. Revelación: yo fui un bien remunerado consultor de la mayor compañía de consultorías del mundo durante seis años de mi vida, así que tal vez me cansé de los horarios, presiones y política.

Finalmente, como vendedores en línea, los expertos ganan dinero sintetizando sus consejos y conocimientos prácticos en productos y programas informativos que se venden en Internet. Esta es la nueva "Tierra Prometida" de los expertos y empresarios. Internet ha diezmado las antiguas convenciones de distribución y nos ha permitido captar a nuestros clientes, comunicarnos con ellos y venderles nuestros productos directamente. Es común que ahora los expertos ofrezcan sus materiales y entrenamientos prácticos por medio de seminarios web, *software*, sitios web por suscripción, programas de audio y video descargables, entregas mensuales de contenido, programas de entrenamiento para computadora y mucho más. Los expertos de hoy en día son, esencialmente, vendedores minoristas de información a través de Internet. Y, a diferencia de nuestras contrapartes más "sólidas", el negocio está en auge. Crear un sitio web para ofrecer algo de valor a los clientes, obtener datos personales y enviar información a cambio de una tarifa es más fácil y rápido que nunca. En Experts Academy hemos demostrado cómo los expertos empresarios pueden lanzar su negocio en Internet en menos de un día. Es increíble.

Lo bonito de esta variedad de roles —escritor, orador, líder de seminarios, entrenador de vida, consultor y vendedor en línea— es que usted puede escoger el que mejor se adapte a su estilo y forma de vida. ¿Es usted un maravilloso escritor al que no le gusta viajar? Tendría sentido ser escritor y vendedor en línea. ¿Le encanta el escenario, las luces y conocer nuevas ciudades? Convertirse en orador y líder de seminarios sería espectacular. ¿Preferiría trabajar personalmente con los clientes y abrir una oficina de consultoría?

Aunque poder escoger es fantástico, usted no necesariamente tiene que hacerlo. La mayoría de los expertos, al menos los que estamos construyendo negocios de siete cifras, utilizamos muchos de estos roles como estrategias de negocios. La verdad es que si usted se queda con solo uno de ellos, estará limitando sus ingresos y arriesgándose a no crear un verdadero negocio.

Hay un ejemplo muy común. Muchas de las personas que asisten a Experts Academy han escrito libros que han sido éxitos de ventas en la lista del *New York Times*. Usted pensará que ya son ricos y famosos, pero muchos siguen siendo desconocidos y están arruinados. ¿Cómo es posible? Porque, aunque tuvieron un libro muy vendido, no había nada detrás de él —no tenían un buen sitio web y otros productos y servicios para la venta. Cuando pasaron sus 15 minutos de fama, sus admiradores ya no encontraron nada más para comprarles. Eso es tan común que asusta y, me atrevo a suponer, que nuestra industria —especialmente la editorial— rivaliza con la de la música en la cantidad de "flores de un día" que produce.

Para realmente evolucionar y crecer como experto, usted debe comenzar a cultivar las seis áreas para llegar a un modelo de negocio con numerosas fuentes de ingresos. No tiene que hacerlo pero, créame, llegará el día en que así lo quiera cuando vea el impacto, influencia e ingresos que puede generar combinando la escritura, la oratoria, el liderazgo de seminarios, en entrenamiento de vida, la consultoría y las ventas en línea.

Yo he tenido mucho éxito de ventas con mis libros, como orador, como líder de seminarios cuyos eventos se agotan siempre, como entrenador de vida con una larga lista de espera de clientes que pagan $25.000 al año, como consultor que escoge sus proyectos y como vendedor en línea cuyos productos producen millones. Y, la gran noticia: todo eso lo hago con un mínimo de personal y un modelo de negocio muy sencillo.

Vale la pena repetir el último concepto. Como experto empresario, usted no necesita mucho personal, si es que necesita alguno. Como recordará, yo hice mi primer millón sin tener ni un solo empleado. ¿Cómo es posible? Es posible porque, en la mayoría de los casos, toda la infraestructura que se necesita en este negocio es un teléfono, una computadora y un mensaje. A partir de ahí, lo que sigue es posicionarse, sintetizar, promover y asociarse con otros para difundir su mensaje. Me referiré a estas cuatro actividades en el capítulo ocho, "Los mandatos del millonario".

Un imperio de experto de un millón de dólares en cinco pasos

Permítame mostrarle cómo esos roles y pilares de ingresos se unen para crear un sencillo plan para montar un negocio experto de millón de dólares. Este plan fue creado para Sally, una de mis clientes de $25.000 al año, quien alguna vez me dijo sin rodeos: "Brendon, necesito un plan para producir un millón de dólares en doce meses y quiero hacerlo sin montar un inmensa infraestructura o depender de la suerte de encontrar decenas de miles de nuevos clientes".

En casi todas las industrias este sería un verdadero problema. En la industria de expertos es bastante sencillo. De hecho, le demostré a esta clienta que podía lograr su meta con tan solo unos cientos de clientes, sin empleados y con los siguientes seis procedimientos básicos.

1. Cree un producto informativo de bajo precio

Primero, le dije a Sally que produjera un producto informativo de bajo precio. Obviamente, me respondió: "¿Y qué es eso?". Estoy seguro de que usted se está haciendo la misma pregunta, así que iré definiendo mis términos a medida que explique el plan.

En la industria de expertos, "bajo precio" es típicamente cualquier cosa en el rango de $20 a $200 dólares. Un "producto informativo" es esencialmente material de entrenamiento: sus consejos o estrategias para alcanzar el éxito, sintetizados en un producto o programa educativo. En este rango de precios, el producto informativo suele ser un libro, libro electrónico, CD de audio o un curso de estudio en DVD.

Asumamos que Sally crea un programa de audio en siete CDs y lo vende por $197. Un programa de audio así es fácil de hacer. Sally tan solo necesita comprar un micrófono aceptablemente bueno, conectarlo a su computadora y, con programas de computadora gratuitos, grabar su voz. Lo único que tiene que hacer es grabar siete sesiones de una hora que se convertirán en los siete CDs de su programa de audio. Una vez que tenga los archivos MP3 de sus grabaciones, los puede enviar a un fabricante para que queme los CDs y diseñe el producto. ¡Listo! Sally ya tiene un producto que el fabricante produce contra pedido. Ahora lo único que le falta a Sally es un sitio web para vender el programa.

Pero vayamos a las cifras. Si Sally vende solamente un programa al día a

$197, en un mes de 30 días, ganaría $5.910. Multiplique esa suma por doce meses y el producto puede producirle $70.920 al año. No está mal. Hizo $70.000 en el año y solamente necesitó 365 clientes para lograrlo. Pero, ese es solo el comienzo.

En este punto me gustaría responder a la ignorancia de los escépticos. Muchos novatos u observadores externos dirán: "Dios mío, ¿quién pagaría $197 por un programa de audio cuando los libros grabados se consiguen por $10?" Lo que esta pregunta expresa es una ignorancia general sobre la industria de los expertos. El valor de cualquier programa en nuestra industria no es *cuánto cuesta* crearlo sino cuánto *valor* representa. La sabiduría no es un artículo como la crema dental. Por ejemplo, un programa de audio de siete discos puede fabricarse por entre $15 y $25, pero ciertamente vale mucho más si resuelve los problemas o mejora la vida y negocio de alguien. ¿Verdad? Como ejemplo, mi amigo Tony Robbins vende un excelente programa de audio sobre desarrollo personal llamado *Get the Edge*. Son solo siete CDs en una bonita caja. Yo lo compré en unos $297 hace unos años y cambió mi vida. ¿Cambiar su vida vale $297? Yo sí creo. Cualquiera que no lo crea, sencillamente no es mi cliente ni el suyo.

Continuemos y veamos cómo comienzan a sumarse los dólares.

2. Cree un programa de suscripción de bajo precio

Entonces, en este momento tenemos a Sally con $70.920 al año vendiendo un programa de audio de $197. Además de eso le sugerí que creara un programa por suscripción que, en la comunidad de expertos se llama comúnmente un programa de membresía o programa de continuidad. Al igual que el modelo de negocio de las revistas, un programa por suscripción en la industria de expertos consiste en entregar contenidos mensuales a sus clientes.

En este paso, le sugerí a Sally que creara un programa mensual en el que enviara a sus clientes un video de entrenamiento todos los meses. También le propuse que ofreciera una teleconferencia mensual de entrenamiento en la que, además del entrenamiento, respondiera preguntas. Para acceder al video y poder volver a oír la teleconferencia, sus clientes se conectarían a un sitio solo para miembros y descargarían las grabaciones de audio y video.

Situándose en un nivel bajo en la escala de precios de nuestra industria, Sally puede cobrar entre $9.97 y hasta $197 mensuales por su entrenamiento, teniendo en cuenta su posición y el servicio y la información que ofrece a sus clientes. Le sugerí que comenzara con una suscripción de $97.

Entonces, si Sally consigue solamente 100 personas que paguen $97 al mes por su programa por suscripción, estaría ganando $9.700 más al mes, que equivalen a la asombrosa cifra de $116.000 al año.

Imagínese hacer $116.000 al año con solo 100 clientes, y el único trabajo es enviar un video y presidir una teleconferencia al mes. En la industria de los expertos eso sucede regularmente.

Ahora, tenga en cuenta que usted no tendrá que hacer un video y una teleconferencia todos los meses. Usted podría sencillamente enviar un boletín de noticias o un CD de audio al mes. Ni siquiera tiene que crear usted mismo el contenido de audio o los productos. Podría contratar a alguien cualificado para que escriba los artículos o grabe los videos, o podría asociarse con otros expertos para enviar los materiales que ellos producen a sus clientes. Las opciones son infinitas y usted escoge la modalidad de trabajo que más le guste.

Espero no tener que recordarle que todo esto funciona si usted ofrece un producto excelente por un buen precio a sus clientes. Pero, ¿ve lo rápidamente que se va sumando dinero?

Sigamos apilando servicios en nuestro camino hacia el $1.000.000.

3. Cree un producto informativo de precio intermedio

Luego le pedí a Sally que pensara en la posibilidad de crear un programa de entrenamiento más avanzado y exhaustivo que pudiera venderse a un precio de nivel intermedio. Como referencia, el nivel bajo de los precios es de $10 a $200 aproximadamente; el nivel intermedio es normalmente de $200 a $999; y el nivel alto es $1.000 o más.

La estructura de niveles de precio es solo ilustrativa. La realidad es que el nivel intermedio para desarrollo personal es diferente del de bienes raíces o los programas para hacer una fortuna, y así sucesivamente. Por ejemplo, un producto de $497 es considerado de nivel alto en el ámbito del desarrollo personal, pero "barato" y de nivel bajo en el ámbito del mercadeo en línea.

Digamos que Sally creó un curso de estudio sobre su tema en DVD, con un precio de $497, y lo envió directamente a los hogares. El curso de estudio en casa podía incluir 10 DVDs, transcripciones, un cuaderno de ejercicios y un programa de audio extra de 3 discos. Si vendía 60 unidades al mes, solo dos diarias, recibiría ingresos de $29.820 al mes, que corresponden a $357.840 al año.

Nótese que no le estoy pidiendo a Sally que venda decenas de miles de unidades. En este ejemplo estamos hablando de solo 60 clientes al mes y ella obtiene $357.840 al año con solo este producto. El americano promedio gana menos de $65.000, así que esto es increíble para la mayoría de las personas.

Pero ahora es que estamos entrando en calor. Todas esas personas a las que los programas de audio, suscripción y DVD de Sally les han cambiado la vida, querrán verla en vivo un día, querrán asistir a un seminario dictado por ella.

4. Cree un seminario de varios días y precios de nivel alto

Dictar seminarios es la estrategia más lucrativa para crear un imperio de experto. Piense en cualquier "gurú" al que haya admirado. ¿Tenía un seminario o taller en vivo? Desde luego que sí. Lo interesante es que probablemente no comenzaron con los seminarios porque querían ser líderes de seminarios. En su lugar, comenzaron a dar seminarios porque sus clientes los *exigían*. La verdad es que a los clientes de nuestra industria les interesa alcanzar el dominio de cada tema, les interesa ampliar su educación. Así que, si han comprado su libro y programas de audio y DVD, ahora querrán profundizar más y aprender directamente de usted. Es similar a la industria de la música: los clientes compran CDs pero, en algún momento, aspiran a asistir a un concierto en vivo.

Curiosamente, a la mayoría de los expertos les aterroriza la idea de hacer sus propios seminarios. Pero, una vez más, el miedo suele ser resultado de la incertidumbre: su ignorancia sobre la organización de un seminario les quita confianza. De hecho, los seminarios son muy fáciles de hacer y muy lucrativos si usted sabe lo que está haciendo, y no se necesitan miles de personas en el auditorio para tener éxito.

Por ejemplo, ¿cree usted que en los próximos doce meses podría reunir a 100 personas en una sala de conferencias para escuchar su mensaje? Apuesto a que sí podría si se posiciona, presenta, promueve y asocia correctamente.

Imaginemos que Sally lo planea todo el año y consigue tan solo 100 personas que asistan a su seminario, cada una pagando $1.000. Pagan esa suma porque Sally estará allí en persona; también porque ofrecerá su mejor contenido informativo. Ella ha invitado a unos cuantos expertos para que hablen y el seminario se realiza en un bonito centro turístico al que se llega fácilmente en avión. Si usted no puede convencer a 100 personas de asistir al seminario, y tiene doce meses para hacerlo, entonces probablemente ha perdido toda habilidad para comunicarse. Piénselo: usted solo necesita persuadir a unas nueve personas al mes durante esos doce meses para reunir 100 personas en un salón.

Con las cifras de este ejemplo, Sally ganaría $100.000 con la venta de las entradas. Esa cifra corresponde a un fin de semana de entrenamiento y solo incluye la venta de entradas. Ni siquiera estamos contando las otras posibles ventas: compras de productos y programas adicionales hechas por los clientes durante el evento. Esas ventas adicionales de un seminario valen, frecuentemente, el doble que las del evento mismo pero, para mantener las cosas simples en nuestro ejemplo del plan del millón de dólares, no las incluiré.

En el primer seminario que yo hice, reuní a 28 personas pagando el doble, $2.000, y aún no sabía ni la mitad de lo que usted ya sabe sobre esta industria. No podía creerlo. Había ganado $56.000 en un fin de semana. Los costos totales de infraestructura del evento fueron de $5.000, incluyendo el alquiler del salón y la pantalla gigante. Lo recuerdo con cariño porque tuve que hacer todo yo solo. En esa época no tenía un equipo que grabara el programa o se encargara de las luces y música. Pedí prestado un proyector a un amigo y compré meriendas para los asistentes. Dirigí todo el evento desde mi computadora portátil ubicada en una pequeña mesa con un mantel hasta el piso. Compré unos altavoces baratos para la computadora y los coloqué bajo la mesa. Antes y después de los descansos, ponía música, conversaba con los clientes, los hacía bailar y luego apagaba la música yo mismo. Desde el punto de vista de producción fue muy divertido, pero el programa cambió la vida de los asistentes. Todos comenzamos en algún punto. Hoy en día nuestros seminarios son algo más elaborados y generalmente llenamos los salones con cientos de personas que pagan entre $3.495 y $5.000 por participar.

Volviendo a nuestro ejemplo, Sally acaba de hacer $100.000 en su primer seminario solo con la venta de entradas. Muy pronto descubrirá que la gente quiere profundizar aun más en su entrenamiento y la buscan como entrenadora de vida.

5. Cree un programa de entrenamiento de precios altos

Cuando los admiradores y clientes de Sally quieran recibir su atención personalizada y continuar su educación a un nivel avanzado, querrán contratarla como entrenadora de vida o empresarial.

Hay muchas formas de crear un programa de entrenamiento y, en Experts Academy, las enseñamos todas. Una sería que contrataran a Sally como entrenadora tradicional, de vida o empresarial, para ofrecer entrenamiento personal. En ese rol, ella avaluaría las necesidades de su cliente y trabajaría para descubrir dónde se encuentra y a dónde quiere llegar. Luego crearía un plan para acercar al cliente a sus sueños y comenzaría a entrenar a cada cliente para que implemente ese plan, se responsabilice y crezca como persona o profesionalmente. La mayoría del entrenamiento y las conversaciones se llevan a cabo por teléfono. Y, aunque cualquier entrenador profesional le dirá que el entrenamiento es mucho más que eso —y tendría razón— ese es el panorama general del negocio.

Fijar los precios en el negocio de entrenamiento se ha convertido en algo muy impredecible hoy día. En esta industria, el entrenador de vida promedio gana entre $150 y $350 por hora. Pero ese es el promedio, y ser alguien promedio no lo volverá millonario. Rara vez recomiendo a las personas concentrarse únicamente en el "entrenamiento tradicional" individual de vida o empresarial, porque simplemente no es reproducible a mayor escala. Usted puede entrenar a cierta cantidad de personas con el modelo tradicional por horas. Incluso si mantuviera su agenda repleta de citas y reuniones, se encontraría con el mismo problema que los terapistas, médicos, abogados y otros profesionales que trabajan por horas: comenzaría a detestar su trabajo.

Eso también lo viví personalmente. Recuerdo haber tenido tantos clientes en cierto punto que comenzó a aterrorizarme la idea de pasar el día entero en el teléfono. Mi vida comenzó a girar permanentemente en torno al reloj y el calendario y esa no es una forma de vida para un empresario.

El mejor modelo para llevar una práctica de entrenamiento a mayor escala es comenzar haciendo entrenamiento grupal, así que usemos eso para nuestro ejemplo. Asumamos que Sally crea un programa de entrenamiento grupal de $2.000 al mes. En ese programa, sus clientes reciben exclusivos videos de entrenamiento cada mes, una teleconferencia de entrenamiento con sesión de preguntas y respuestas, dos entradas gratis a su seminario, y un evento de fin de semana al año para los clientes. Es posible que converse individualmente con sus clientes una vez al mes. Si ella fuera mi cliente, yo recomendaría no hacerlo. El valor que el grupo recibe es el acceso y entrenamiento exclusivo con Sally y el grupo. Me encanta este modelo y muchos en la comunidad han triunfado con él.

Si Sally recibe solamente 15 personas en este programa de $2.000 mensuales, equivale a $30.000 al mes y $360.000 al año.

Con esta última estrategia implementada, hemos creado para Sally un nuevo imperio de experto de un millón de dólares partiendo de cero y haciendo solo cinco cosas. Veamos cómo llegamos a esta cifra.

1. Si Sally vende un programa de audio de bajo costo al día en $197, ganará $5.910 al mes o $70.920 al año.

2. Si Sally consigue sólo 100 personas que se suscriban a su programa por $97 al mes, ganará $9.700 al mes o $116.400 al año.

3. Si Sally vende solo 60 productos de precio intermedio al mes, a $497, ganará $29.820 al mes o $357.840 al año.

4. Si Sally vende solo 100 entradas a $1.000 para su seminario, recibirá otros $100.000 en el año.

5. Si Sally recibe solo 15 clientes para entrenamiento, a $2.000 mensuales, ganará $30.000 al mes o $360.000 al año.

¡Sumadas, estas cinco estrategias pueden producirle a Sally $1.005.160 al año!

Lo que es maravilloso de este plan es que no le exige a Sally tener docenas y docenas de productos, o miles y miles de clientes. Tan solo necesita cinco programas. Para convertirse en millonaria, Sally solo debe vender un programa de audio de bajo precio al día, 100 suscripciones de $97 al mes, 60 productos de precio intermedio al mes, 100 entradas a su seminario a lo largo del año y conseguir 15 clientes de entrenamiento.

Obviamente, este plan es tan solo un ejemplo, y existen muchísimas formas de llegar al millón de dólares. Sally podría decidir concentrarse únicamente en hacer seminarios y ganaría un millón de dólares vendiendo entradas de $2.000 a 500 personas o entradas de $500 a 2.000 personas.

O podría trabajar exclusivamente en montar un programa por suscripción y conseguir 1.000 personas que paguen $97 al mes para alcanzar el millón. O podría vender unos 2.000 productos de $497, o aceptar 45 clientes para entrenamiento a $2.000 al mes para ganar $1.080.000. Las posibilidades son infinitas.

Precisamente en este punto, muchas personas expresan objeciones a todo esto. Dicen: "Pero, Brendon, no todo el mundo puede ser experto y hacer eso". A eso respondo: "¿Por qué no?". ¿Qué es lo que pasa con esta industria que hace pensar a la gente que no podrá hacerlo? Todo el mundo puede aprender y dominar un tema, ¿verdad? Y cualquiera puede organizar esos conocimientos en consejos útiles, ¿verdad? Y, hoy en día, cualquiera puede montar un sitio web y ofrecer sus programas en venta, ¿verdad? Entonces, ¿cuál es el misterio? Espero que este libro contribuya a demoler ese mito.

Desde luego, es cierto que no todo el mundo se volverá millonario o logrará resultados financieros extraordinarios. Mi objetivo acá no es garantizar que todos lo lograrán. Con frecuencia me preguntan: "Brendon, tu ejemplo para hacer millones es excelente pero, ¿cualquiera se puede volver rico haciendo eso?". Para cumplir mi responsabilidad legal, debo decir que mis resultados no son típicos y que no hay garantía de que alguien logre obtener ingresos siguiendo mis estrategias y consejos (o los de otros). Personalmente pienso que en la vida nada tiene garantía. ¿De acuerdo? Además, es ilegal garantizarle a alguien resultados de lo que usted enseña. La ley proviene de la Comisión Federal de Comercio de Estados Unidos (FTC, por sus siglas en inglés) que, afortunadamente, impide que los charlatanes hagan afirmaciones como: "Todo el que compre mi curso se volverá millonario de la noche a la mañana comprando bienes raíces ejecutados". La verdad es que todos tenemos distintos niveles de ambición, conocimientos, habilidades, talentos, recursos y compromiso así que, obviamente, todos obtendremos diferentes resultados en la vida. Eso es lógico.

Mi meta al ilustrar este sencillo plan es dar un ejemplo de cómo unos pocos productos pueden convertirse en una gran oportunidad. Tan solo quiero mostrar de dónde proviene el dinero en nuestra industria para que deje de ser un misterio para los principiantes. Espero que contribuya a enriquecer su comprensión de la industria y su funcionamiento.

Otra objeción que oímos con frecuencia tiene que ver con las cifras que usé en mi ejemplo. Muchos novatos y escépticos exclaman: "¡Esos precios son altísimos! ¿Quién diablos eres para cobrar tanto?". Bueno y, ¿quién es *alguien* para cobrar dinero por cualquier cosa? ¿Qué le da a cualquier profesional el derecho de cobrar cualquier cantidad de dinero por algo? Es un concepto denominado capitalismo. Es la oferta y la demanda, y la noción de un intercambio de valores equitativo. En nuestro mundo de expertos, sabemos que podemos cobrar esas tarifas porque, francamente, las personas las pagan. Los clientes votan con sus billeteras. Si no creyeran que valemos eso, no pagarían el precio que exigimos. Es así de simple.

Nunca olvide que las personas invierten mucho dinero para acortar su tiempo de aprendizaje y el camino al éxito. Mire las sumas exorbitantes que pagan las personas hoy día por asistir a la universidad. Algunos dirán que es atroz. Pero la gente paga la matrícula universitaria, y seguirá haciéndolo, porque aprender es y seguirá siendo importante. En el ámbito de los expertos, llevamos la educación a otro nivel al sintetizar y sistematizar información que ayuda a las personas a resolver sus problemas, personales o profesionales, y avanzar más rápidamente en la vida.

Por fortuna para nosotros, la demanda siempre es alta y el mundo está siempre ávido de nuevas estrategias e ideas. Para ilustrar este concepto, tenga en cuenta que mientras casi todos los sectores de la economía han estado reduciéndose en los últimos años, los negocios dirigidos por buenos expertos que viven según los principios de este libro crecieron de manera extraordinaria. ¿Por qué? Porque ahora, más que nunca, millones de personas están buscando inspiración e instrucción para salir adelante y mantenerse motivados. Miles de personas han sido despedidas de sus empleos, los nacidos en los años cincuenta se están jubilando y una nueva generación busca triunfar. Todos esos datos son buenos augurios para el experto con mentalidad de empresario.

El caso es este. Si usted no cree que pueda cobrar precios altos, probablemente esté en lo cierto. Siempre he creído que el potencial de una persona está limitado únicamente por su confianza en sí misma y lo que piensan que es posible lograr. Si sus ideas le impiden creer que usted, y creer que su información y su experiencia son valiosas... nadie puede ayudarle. Nadie se aparecerá en su puerta con un certificado que diga: "¡Felicitaciones! ¡Ahora está calificado para elevar sus precios!". Como con todo en esta vida, la forma de conseguir lo que uno desea, como puede ser llegar al punto en que pueda cobrar buen dinero por sus consejos, depende de cuán duro trabaje y cuánto valor tenga el servicio o el producto que ofrece. No todos trabajarán duro, ni darán el mismo producto ni tendrán el mismo éxito.

Personalmente, *tengo* mi opinión sobre quién logra construir una riqueza en este negocio y quién no. Y creo que es bastante previsible. Para sorpresa de muchos de mis estudiantes, no creo que tenga que ver con la inteligencia, las conexiones que tenga, sus atractivos o su fortuna. Tampoco creo que dependa de tener el plan de negocios o sitio web perfecto. Tampoco tiene relación con el tamaño de su lista de suscriptores.

Creo que tiene que ver con algo que Tony Robbins repite con frecuencia: "No se trata de sus recursos, se trata de su ingenio". Como ya le he contado, yo no tenía muchos conocimientos, conexiones o dinero cuando comencé. Tampoco tenía un plan, un sitio web ni una lista de clientes. Muchos de mis clientes comienzan así: con tan solo un sueño y el deseo de ayudar a otros.

Lo que sí tienen en común los expertos exitosos es la *mentalidad* y las *disposiciones* correctas. En otras palabras, tenemos la psicología adecuada y unas técnicas que nos ayudan a comenzar y desarrollar un verdadero negocio. En los próximos dos capítulos hablaremos en detalle de esas dos áreas.

Recordatorio

A medida que pasamos de nuestra discusión sobre el dinero a la de la mentalidad, retornemos al motivo por el cual hacemos este importante trabajo. Usted claramente tiene la oportunidad de ganar unos ingresos extraordinarios siendo experto en algún tema. Por necesidad, tuve que enseñarle cómo hacer dinero porque sé que es imprescindible para que comience y mantenga su mensaje. Cuanto más dinero gane, más podrá difundir su mensaje. Pero si se concentra totalmente en ganar dinero y dirigir el negocio, es fácil olvidar por qué hacemos lo que hacemos. Debemos recordarnos continuamente que, a pesar de la inmensidad de la oportunidad financiera existente en el ámbito de los expertos, tenemos una vocación aun más grande y la obligación de servir a los demás. Nuestra misión es mejorar las vidas y negocios de aquellos a quienes servimos entregándoles valiosa información.

Como cualquier otro empresario, los expertos pueden sucumbir rápidamente a la tentación de concentrarse en el aspecto financiero y operativo del negocio. Es fácil perder el sentido de lo que hacemos cuando debemos encargarnos del dinero y de clientes difíciles de satisfacer. Y, ahora, cuando todos hacemos gran parte del trabajo virtualmente y podemos servir a las masas por la web, solemos perder la conexión con nuestros clientes individuales. Y es esa conexión personal la que nos recuerda el impacto positivo que logramos con nuestro trabajo.

Eso es algo que he experimentado personalmente. Entre los viajes que hago para dar conferencias y seminarios, el aislamiento al que me obligo para escribir nuevos artículos y libros, y los afanes que me impongo para terminar y publicar en la web el último video o promoción, algunas veces me siento más estresado que satisfecho. Hay días en los que no hablo con ningún cliente y otros en los que mantengo correspondencia con algunos con los que preferiría no hacerlo. Hay días en que mi equipo me decepciona y yo los decepciono a ellos. Hay días en los que quisiera lanzar la computadora por la ventana. Y hay muchos días en los que me siento solo en esta industria, porque rara vez nos reunimos para crear una verdadera comunidad.

Creo que todo eso forma parte de cualquier esfuerzo empresarial. Pero jamás pierdo de vista el motivo por el que hago lo que hago y, en este negocio, es vital recordarlo con frecuencia. Si usted siempre tiene en mente el hecho de que su trabajo cambia vidas, estará siempre motivado, hará las cosas bien y cuidará a sus clientes. Y, si usted hace un buen trabajo y mantiene abiertas las líneas de comunicación con sus clientes, ellos se encargarán de recordarle por qué hace lo que hace.

Recuerdo una temporada especialmente atareada en mi negocio de experto que me enseñó una gran lección. Era cada vez más reconocido por mi trabajo y se me presentaban muchas nuevas oportunidades. En un periodo de seis meses había empleado a dos nuevos contratistas, creado cuatro nuevos sitios web, comenzado dos nuevos seminarios, ganado un millón de dólares, visitado una docena de ciudades, lanzado un nuevo programa de entrenamiento en línea y trasladado a mi madre de su hogar en Montana a Las Vegas tras la muerte de mi padre. Estaba extenuado, exhausto. Tenía un millón de nuevos retos que nunca antes había enfrentado y, a medida que crecía, comenzamos a recibir algunos nuevos clientes que realmente se aprovecharon de nuestra generosidad. Muchas personas estaban robando nuestros contenidos, copiándolos y vendiéndolos ilegalmente. El dinero entraba a chorros, pero yo estaba tan atareado que no sentía ningún entusiasmo debido a que comenzaba a perder el contacto con la magia de lo que hacía.

Entonces recibí un correo electrónico de un cliente que estaba conmovido por *El ticket de tu vida*. Terminaré este capítulo con esto porque nos recuerda el impacto que puede ser nuestro trabajo. En el otro extremo del mundo, a alguien le pareció importante mi trabajo. En nuestra locura y afanes, algunas veces olvidamos lo mucho que nuestro trabajo ayuda e inspira a otros, aun cuando no lo veamos ni nos enteremos. Yo recibo miles de correos de agradecimiento cada mes, pero ese me hizo frenar en seco y dar gracias. Haga buenas obras en esta vida y difunda su mensaje. Incluso cuando usted cree que lo que hace no tiene ningún impacto, si lo tiene.

[Este es un correo electrónico que recibí. Tan solo se editó para proteger la privacidad del remitente.]

Brendon, usted no me conoce, soy solo otro nombre en su lista. No se preocupe, no soy ningún acosador ni alguien intentando venderle algo.

Hace unos meses recibí su libro. Su historia y actitud me inspiraron, realmente admiro lo que usted dice. Tuvo un profundo efecto en mí. He prestado el libro a algunos amigos cercanos que pensé podrían beneficiarse de sus ideas.

Hace tres semanas, en el viaje a una boda familiar en el campo, le hablé a mi esposa sobre el libro mientras los niños dormían en la parte trasera. Ella es de las que nunca se involucran en mis cosas de "trabajo" pero también quedó conmovida por su historia y decidió leer el libro cuando regresáramos a casa.

En la boda pasamos un rato fantástico. De camino a casa, sin embargo, tuvimos un accidente de tránsito: nos golpeó de frente un vehículo que iba en contravía por nuestra calzada. Mi esposa murió instantáneamente, mi hija murió un día después a causa de un trauma cerebral severo.

Mientras estaba postrado en el hospital, seguí pensando en su historia y me dio esperanzas. Intenté escribirle desde el hospital pero no lograba controlar las lágrimas.

Tan solo quería darle las gracias por compartir su historia conmigo… me ayudó a sobrellevar la tragedia.

Sigo mal y no sé qué vendrá luego, pero gracias.

Capítulo siete

LA MENTALIDAD DEL MENSAJERO

¿Qué hace que el Mensajero Millonario sea un triunfador? ¿Qué se necesita para tener éxito en la industria de los expertos?

Esas preguntas me las hacen en todos los eventos de Experts Academy y en toda entrevista que doy sobre el tema. No son preguntas fáciles de responder, y le recomiendo que se siente y las responda usted mismo. ¿Qué cree usted que sería necesario para comenzar y triunfar?

Responderlas me ha tomado años de entrevistas con las leyendas de la industria y de poner en práctica lo que he aprendido. Lo que he descubierto, como tantos otros antes que yo, es que el éxito en la vida es casi siempre un juego interno. Generalmente depende más de lo que usted piensa y siente, y de la forma en que se comporta, que de las herramientas y recursos que tiene a disposición. Su psicología y hábitos son lo más importante, y por eso he decidido referirme a ellos en este capítulo y el siguiente.

Creo que los expertos exitosos tienen cuatro creencias básicas que les permiten servir, compartir, trabajar y crear coherentemente. Con esas cuatro creencias dirigiendo sus mentes y sus vidas, tienen lo que necesitan para lograr un impacto positivo y crear un verdadero negocio. Sin esas cuatro creencias, los futuros expertos desisten rápidamente, pierden el impulso, fracasan o —peor aún— nunca comienzan.

Mentalidad # 1: Mi experiencia de vida, mensaje y voz son valiosas.

Los psicólogos descubrieron hace tiempo que la felicidad, la eficacia, la resistencia y la inteligencia social y emocional de una persona dependen del concepto que tienen de su propio *valor*. De hecho, muchos consideran que la autoestima es la base a partir de la cual formamos la mayoría de nuestros pensamientos, sentimientos y comportamientos. Los pioneros del movimiento de la autoestima, como el importante teórico Nathaniel Branden, nos dicen que la autoestima es la clave para entender y cultivar el amor propio y el éxito en la vida. Es una ecuación comprobada en psicología: cuanto más valioso se sienta, más confianza y capacidad sentirá.

Lo mismo vale para nuestra industria. Si usted no valora *quién es y lo que tiene para decir* —su experiencia de vida, su mensaje y su voz— nunca podrá sentirse confiado y convertirse en un experto exitoso. Si usted no valora su voz, ¿quién lo hará?

Podría escribir muchos volúmenes sobre la cantidad de excelentes personas que dejaron morir silenciosamente en sus diarios sus maravillosos consejos porque pensaban: "Bueno, ¿a quién en este mundo le puede interesar lo que pienso?". O, peor: "¿Quién soy yo para compartir lo que pienso con otros?" No conozco un mejor indicador de una baja autoestima y amor propio que la frase *"Quién soy yo para…"*.

Esto no quiere decir que todos los Mensajeros Millonarios tengan siempre una autoestima sólida o un ego profundamente positivo. De hecho, he conocido a muchos expertos que en realidad no tienen la confianza en sí mismos que usted esperaría. Pero algo los hace diferentes de los otros:

Tienen la necesidad de compartir y servir.

Y es esa necesidad —una necesidad y un deseo psicológico profundísimo— de compartir y servir a otros con sus conocimientos, lo que da al experto la convicción de que su mensaje y su voz son valiosos.

¿De dónde proviene esa necesidad? Tal vez le sorprenda la respuesta.

Muchos observadores de nuestra comunidad creen que todos los "gurús" tienen un ego enorme que los impulsa. Sin duda, comparten su mensaje para hacerse ricos y sentirse reconocidos, ¿verdad? Es interesante que muchas personas fracasadas o envidiosas piensen eso sobre los que tienen más éxito, sin importar en qué industria trabajen.

Pero, tras docenas de entrevistas y unos cuantos años a la cabeza de esta comunidad, le puedo decir esto: la necesidad del mensajero de compartir su mensaje no proviene del ego; viene de una obligación. Sí, *obligación*.

Mientras la mayoría de las personas consideran que "obligación" es una palabra negativa —yo también lo pensaba— es sorprendente ver que muchos gurús la usan de forma positiva. Dicen "Pues, viví esa tremenda lucha o ese suceso traumático y considero que las lecciones que aprendí son un gran don; considero mi obligación compartir esas lecciones con otros".

Los expertos suelen usar el término "obligación moral" o "vocación" para describir esa necesidad.

Yo lo entiendo. En un nivel muy profundo, siento que recibí un don con mi tiquete de vida —mi segunda oportunidad de vivir— y que compartir lo que aprendí es mi deber, mi vocación, y una obligación. Valoro mi experiencia de vida, mi mensaje y mi voz porque creo que son un don que se me concedió. Y, si Dios y el universo valoran las experiencias que he tenido en mi vida lo suficiente para concedérmelas, yo las valoro lo suficiente para transmitirlas a otros.

Muchos de mis clientes sienten lo mismo. Una entrenadora de vida que se dedica al tema del dolor a quien conozco, dice que escogió ser entrenadora de vida porque conoció a tantas personas que no sabían cómo lidiar con la pérdida de un ser amado que sintió la obligación moral de darles consejo a lo largo del proceso. Un exitoso escritor me dijo que comenzó a realizar talleres para nuevos escritores debido a que él pasó diez años rogando a agentes y editores para que le publicaran sus libros y no quería que nadie más tuviera que vivir esa experiencia. Un consejero financiero cuenta que, de joven, quedó en bancarrota y pasó una década tratando de rehacer su crédito: no podía soportar la idea de que otros recibieran llamadas de "los detestables cobradores de deudas atrasadas". Una madre dice que su familia lloró ríos de lágrimas mientras cuidaban de su hijo autista y que debería haber más educación disponible para los padres como ellos. Dijo que sintió que "una luz se encendía un día en que finalmente entendieron. *Tengo* que contarles a otras madres que ya no deben odiarse a sí mismas o a su hijo porque existe una mejor manera de ser padres de un niño autista".

Imagino que lo que usted ha vivido le ha enseñado muchas cosas. Los buenos y malos momentos son importantes, y las lecciones que ha sacado de ambos son profundamente valiosas. La vida seguramente no siempre ha sido fácil para usted y estoy seguro de que no siempre le quedó claro por qué debía soportar esas dificultades y luchar tanto por los triunfos. Pero déjeme hacer la misma afirmación que han estado haciendo durante décadas aquellos que creen en la consejería: si usted ha aprendido una lección valiosa de la vida o el negocio, es su obligación compartirla con otros para que no tengan que soportar el mismo drama, luchar tanto ni pasar tantos años para descubrirla.

Si usted cree en eso, entonces la idea es seguir los pasos que le he indicado hasta ahora. Es hora de que actúe. Usted va a cambiar la vida de muchas personas.

Señalizadores para expertos:

1. Un motivo por el cual no he compartido con otros mis lecciones de vida es...

2. Si un amigo utilizara una excusa como esa, le diría...

3. Las épocas de mi vida en que me he abstenido de hablar han sido épocas de...

4. Las épocas de mi vida en que hablé y ayudé a otros fueron...

Mentalidad # 2: Si no lo sé o lo tengo, lo aprenderé o crearé.

Nunca dude de una persona con una vocación o una obligación moral —encontrarán la forma de transmitir su mensaje. Esa dedicación está arraigada en la mente de todos los Mensajeros Millonarios que conozco. Sin importar lo que ignoran o no tienen, ellos *encontrarán la forma* de transmitir su mensaje.

Nunca supe lo importante que era esa convicción en mi vida hasta que comencé a vender Experts Academy. Como hace cualquier buen vendedor, siempre prestaba atención a las objeciones y preocupaciones que impiden a mis clientes comprar mis productos y servicios. Recuerde, Experts Academy se concentra exclusivamente en escritores, oradores, líderes de seminarios, entrenadores de vida y vendedores en línea. Para mi total sorpresa e incredulidad, entre las objeciones de la gente para comenzar un imperio de experto había cosas como las siguientes:

—Pero no sé cómo escribir un libro.

—No tengo un agente.

—No sé cómo hacer para que me contraten como orador.

—No tengo un DVD de muestra hablando en público.

—No sé cómo organizar un seminario.

—Pero... no tengo un organizador de eventos que me ayude.

—No sabría cómo conseguir clientes para entrenamiento.

—Pero, no tengo materiales para hacer entrenamiento.

—No sé cómo vender mis materiales en línea.

—Pero si no tengo un sitio web.

Cuando le digo que quedo conmocionado al oír estas objeciones, lo digo en serio. Leo los correos y comentarios de los lectores en el blog, veo este tipo de afirmaciones, y pienso: "*¿Qué le pasa a estas personas?* Primero, eso es lo que ofrezco enseñarles. Y, segundo, nadie sabe o posee estas cosas al comienzo: ¡todo el mundo tiene que descubrirlas y ACTUAR!".

Y así comenzó mi educación sobre por qué muchos de los principales expertos son tan diferentes. Resulta ser que tenemos una creencia dominante que nos permite avanzar. Esa creencia es que, sin importar lo que sabemos o tenemos, comenzaremos, lucharemos, experimentaremos, trabajaremos duro y aprenderemos o crearemos lo que sea necesario para difundir nuestro mensaje.

Gracias a este conocimiento, hoy puedo sentarme 10 minutos con alguien y conocer su destino como experto y empresario. Si en algún momento se quejan ("pero no sé eso" o "no tengo eso"), sé que fracasarán. No es que estén diciendo que no saben o tienen lo que necesitan; es *la manera* en que lo dicen. Si suenan débiles, vencidos o faltos del ánimo, sé inmediatamente que no tienen posibilidades de triunfar en este negocio. Solo por el tono en que hablan, me llevo una idea general de cómo ven la vida.

Otra importante distinción que he aprendido: si usted alguna vez observa a una persona exitosa y dice, "Claro, *ellos* pueden hacerlo pero yo no", usted está vencido antes de empezar la lucha. Las personas de éxito tuvieron que comenzar como cualquier otro. Si usted es de la mentalidad de que las personas exitosas son escogidas por los dioses o tienen más suerte y privilegios que usted, entonces usted está condenado. En lugar de eso, usted podría decir: "Bueno, si esa persona logró eso, yo también puedo. Tan solo tengo que observar lo que ellos y otros han hecho y seguir su ejemplo".

Señalizadores para expertos:

1. Entre las cosas que tengo que aprender para tener éxito en esta nueva empresa de experto están…

2. Entre las cosas que debo crear para comenzar están…

3. Las personas a las que debo seguir para acortar mi curva de aprendizaje son...

4. Las excusas que inventaré por el camino, y tendré que superar, son...

Mentalidad # 3: No permitiré que mi pequeña empresa me haga una persona estrecha de miras.

No es fácil comenzar una nueva empresa, ni en esta ni en ninguna industria. Me gusta advertirle a los emprendedores que estén preparados para el hecho de que los dos primeros años en cualquier negocio dan miedo, son arriesgados, extenuantes y frustrantes.

En serio, los dos primeros años de su propio negocio pueden ser a la vez los más horribles y los más emocionantes y satisfactorios de su vida. Usted espera "crecer" rápidamente, pero los resultados suelen llegar más lentamente de lo esperado. A pesar de ello, para usted el reto, la libertad, la propiedad y la conexión con sus clientes son significativas y gratificantes. Le digo esto porque siempre son los dos primeros años los que espantan a los novatos en nuestra industria. Comienzan muy entusiasmados por difundir su mensaje pero, como los resultados llegan lentamente, se olvidan de su visión original. Es fácil desistir cuando la visión no se refleja inmediatamente en la cuenta bancaria. Es fácil desistir y resignarse cuando sus ingresos no son los que usted esperaba.

Pero, tengo un mensaje para usted: nunca permita que su pequeño negocio lo haga estrecho de miras.

No se olvide de su visión original ni se resigne solamente porque está en los inicios de su negocio.

Recuerdo lo importante que fue esta convicción cuando apenas comenzaba en la industria. Aún me veo sentado en un apartamento diminuto en San Francisco, en la ruina porque cada dólar que veía se iba en pagar el alquiler y comidas baratas. Escribía en una pequeña mesa plegable de tres patas que mi madre había tenido en su cuarto de costura. Recuerdo claramente un momento en que estaba sentado allí viendo cómo se acumulaba en la pantalla de mi anticuada computadora el vapor que emitía un radiador dañado. Estaba escribiendo el borrador de un boletín sobre la psicología del éxito —para enviarlo por correo electrónico a mis inocentes amigos, compañeros de trabajo y conocidos— y pensé: "¿A quién estoy engañando? ¡A quién le importa lo que un muchachito pobre tiene que decir sobre el éxito?".

También recuerdo mi siguiente pensamiento: "Brendon, sí, comienzas por lo pequeño; todos tienen que hacerlo. Pero tienes un importante mensaje y necesitas difundirlo. Has estudiado esto, has aprendido mucho en la vida, y puedes inspirar a otros. Algún día ayudarás a millones de personas. Hoy es el día: solo sigue trabajando. Tú eres más grande que este estúpido apartamento porque tus sueños no tienen límite".

A muchos les podrá parecer una pésima historia, pero es importante. Usted tiene que tener una gran visión para usted mismo y su mensaje, *a pesar de sus circunstancias actuales*, que lo impulse a la acción y a obtener logros. Nunca olvide que los buenos resultados llegan lentamente. Mientras espera la gran oportunidad, no olvide lo importante que es su trabajo y a cuántos servirá algún día.

Aun si se siente aprisionado en su actual realidad, ponga la mira en lo alto. Crea en su potencial y el gran destino que le espera. Hará que esos primeros pasos sean más firmes y le darán fuerza cuando tropiece. Esta inspiración me la transmitió Marianne Williamson, quien ha participado en mis eventos. Marianne es una de las mejores escritoras y maestras en nuestra comunidad. Su más famosa cita, del libro *Volver al amor*, lo dice todo:

"Nuestro mayor miedo no es ser incapaces. Lo que más miedo nos da es que somos poderosos más allá de toda medida. Es nuestra luz, no nuestra oscuridad, lo que más nos asusta. Nos preguntamos: ¿quién soy yo para ser una persona brillante, hermosa, dotada, fabulosa? En realidad, ¿quién eres para no serlo? Eres un hijo de Dios, y si juegas a empequeñecerte, con eso no sirves al mundo. Encogerte para que los que te rodean no se sientan inseguros no tiene nada de radiante. Todos estamos hechos para brillar, como brillan los niños. Nacimos para poner de manifiesto la gloria de Dios que está dentro de nosotros. No solo en algunos, sino en todos nosotros. Y si dejamos brillar nuestra propia luz, inconscientemente daremos permiso a los demás para hacer lo mismo. Al liberarnos de nuestro propio miedo, nuestra presencia automáticamente libera a los demás".

Señalizadores para expertos:

1. Una gran visión que tengo para mí en esta industria es...

2. Cuando los tiempos son duros, siempre me recuerdo a mí mismo que...

3. Para asegurarme de no ser dominado por el miedo en la vida o los negocios, voy a...

4. Para jugar con audacia, tendré que liberarme de...

Mentalidad # 4: Primero, estudiante; en segundo lugar, maestro; siempre, servidor.

Todos los expertos a los que he conocido en mi vida creen en el fondo de su corazón que solo son estudiantes y exploradores. Hablan sobre los libros que leen y parecen pasar horas enteras investigando, asisten a seminarios, escuchan grabaciones y entrevistan a muchas personas. Se sienten orgullosos de su habilidad para aprender y sintetizar buenas ideas que ayudan a las personas a mejorar sus vidas e incrementar sus negocios. Aunque quizás no tengan un título académico avanzado, son estudiantes de la vida de primera categoría.

Creo que esa es una creencia importante porque muchas de las personas que han dado mala fama a la palabra "experto" lo han hecho pensando que son "el único y verdadero experto". Esas personas, a quienes yo ni siquiera llamaría expertos, funcionan motivadas por su ego y no por vocación, y están convencidas de que lo han resuelto todo. Hacen todos los esfuerzos posibles por posicionarse a sí mismos como la "autoridad" en el tema, más por su orgullo y beneficio personal que por el deseo de servir. Dejan de aprender, dejan de colaborar con otras comunidades de expertos y, finalmente, pierden el contacto con las mejores prácticas actuales y —dirán algunos— con la realidad.

Para evitar estas consecuencias, es importante que usted siempre preste atención al mantra de Experts Academy: *Los expertos son primero estudiantes, en segundo lugar, maestros, siempre servidores.*

Si usted no ha leído al menos seis libros en los últimos seis meses sobre su tema de especialización, no está siguiendo nuestro mantra. Si usted no ha intentado entrevistar al menos a diez personas sobre su tema en el año, no está haciendo caso a nuestro mantra. Si usted no está revisando activamente el Internet, investigando en diarios, revistas y libros en busca de información sobre su tema, no está siendo fiel a nuestro mantra. No está siendo, primero, estudiante. A partir de hoy debe comprometerse a ser un estudiante más disciplinado y sistemático para dominar su tema.

Es el momento de convertir su vida en su laboratorio personal de aprendizaje. Debe comenzar a tomar nota de las pequeñas interacciones que tenga así como de los grandes avances. Trate de aprender en todo momento y de cada relación, y anote lo aprendido en un diario. Recuerdo que yo aprendí el valor de esta disciplina de mi maestra de periodismo en la escuela secundaria. Décadas después, la vi aplicada por mis amigos Tony Robbins y Jack Canfield, dos de las personas más concienzudas y productivas que he conocido a la hora de tomar notas.

Los Mensajeros Millonarios tienen una interesante psicología que les permite verse a sí mismos como estudiantes y maestros. Adoptan la identidad de los entrenadores de primera categoría. Como los grandes educadores, están constantemente tratando de crear ejemplos, metáforas, marcos de referencia, actividades y planes de estudio eficaces y atrayentes para ayudar a sus estudiantes a triunfar. Siempre llevan un diario y toman notas sobre lo que ven y aprenden de la vida que podría servir a otros. Para ellos, anotar nuevas lecciones y poner en práctica nuevas formas de enseñar la sabiduría de todos los tiempos es, a un mismo tiempo, un juego y una carrera profesional.

Personalmente, soy casi obsesivo con la práctica de anotar nuevas lecciones que quiero transmitir a mi público. Todos los libros que compro están llenos de anotaciones en los márgenes resaltando conceptos importantes que puedo interiorizar o enseñar. Tomo muchas notas en los seminarios a los que asisto y siempre busco un punto de vista único que pueda enseñarse. La identidad de un maestro es en gran parte lo que esa persona ha decidido ser en la vida. Pregúntele a cualquiera sobre mí y le dirán que siempre estoy anotando nuevas ideas y aplicando nuevos marcos de referencia. Convertirse en experto no es algo que se hace una vez en la vida; es una práctica de toda la vida.

Finalmente, todo esto nos lleva de regreso al hecho de ser servidores. Es casi imposible dedicarse a una vida de aprendizaje y enseñanza a menos que usted tenga una *razón* para aprender y enseñar. Para la mayoría, la razón es ayudar a otros a resolver sus problemas y alcanzar su potencial. Es de vital importancia mantenerse conectado a la razón por la cual hace este trabajo. En momentos de estrés y frustración, el *porqué* hace las cosas es frecuentemente lo único que lo mantiene en pie.

Señalizadores para expertos:

1. Para sentirme más como estudiante en la vida, tendría que…

2. Mi plan para aprender más sobre mi tema es…

3. Mi estrategia para captar las lecciones de la vida diaria que podré enseñarle a otros es comenzar a…

4. La razón por la que siento que debo aprender todo esto y enseñar lo que sé es…

Mentalidad # 5: La maestría es una forma de vida.

Existen dos tipos de personas en el mundo. Ambos tienen la oportunidad de entrar en un inmenso y verde campo bajo el cual yacen grandiosos tesoros. Un tipo de persona mira alrededor del campo, toma la pala más cercana y comienza a excavar un agujero en el suelo, buscando oro. Cuando esa persona ha sacado unas cuantas paladas de tierra y descubre que a) no ha dado con el oro tan pronto como pensó, o b) no hay tanto oro como esperaba, deja de cavar y se va a otro lugar del campo. Consigue una pala más nueva y fina, y comienza a cavar otra vez, buscando oro. Una vez más se decepciona, así que cambia de lugar una y otra vez. Al final de la vida de esta persona, el campo de oportunidades es un campo lleno de agujeros a medio excavar.

El otro tipo de persona se acerca al campo de oportunidades de manera diferente. Observa el horizonte y decide dónde quiere reclamar su parte de la vida. Él también comienza a excavar en busca de oro. También puede descubrir rápidamente que a) no ha dado con el oro tan pronto como pensó, o b) no hay tanto oro como esperaba. Pero ahora es donde se desarrolla de forma diferente a su colega: sigue cavando. Se dice a sí mismo: "Hay algo de oro acá —tal vez no tanto o tan fácil de sacar como pensé, pero hay oro". Sigue cavando, trabajando duro, concentrado. Y un día no tan lejano, se encuentra una veta de oro más abundante y sobrecogedora de lo que nunca imaginó. Allí pone sus cimientos, la cerca que demarca su fortuna por decirlo así. Luego se traslada a otro punto, alineado con el anterior éxito, y excava una vez más hasta colocar otra fortuna. Al final de la vida de esta persona, su campo de oportunidades es una línea de fuertes cimientos que se extiende hasta el ocaso.

Esta es una alegoría que describo con frecuencia en Experts Academy para recordarles a las personas que una vida picoteando en docenas de temas o negocios lleva al fracaso, mientras una vida de constancia y sabiduría lleva a la riqueza.

En nuestra industria, es tentador tratar de ser el "experto-en-todo-lo-existente", la persona que sabe sobre todo y hace de todo. Ese es el motivo por el que muchos expertos fracasan. Se distraen. Dejan las cosas a medias, desisten muy pronto y se mueven hacia otras cosas y otras oportunidades. Sin embargo, aquellos que tienen éxito son los que deciden explorar y conocer un tema en profundidad. Se concentran en una oportunidad a la vez y cavan profundamente, trabajando durante años para crear unos cimientos fuertes. Entienden el valor del trabajo duro y no temen invertir sangre, sudor y lágrimas para extraer todo de una oportunidad. Están convencidos, casi siempre más convencidos que todos los que los rodean, de que una vida de picoteos es una vida de distracciones y una vida de la constancia es una vida significativa.

Este énfasis en la constancia para conocer de veras un tema le ayuda a mantenerse concentrado, superar las dificultades, convertirse en un verdadero experto en su campo y dirigir un negocio real construido a base de trabajo y dedicación.

Señalizadores para expertos:

1. El tema en el que me concentraré como un rayo láser durante los próximos dieciocho meses es…

2. Las cosas en las que dejaré de concentrarme desde ahora son…

3. Las situaciones en las que pierdo la concentración y abandono el sendero de la constancia normalmente se dan cuando…

4. Si en doce meses miro atrás al último año, sabré que me he mantenido la constancia para avanzar por mi camino si veo que…

Capítulo ocho

LOS MANDATOS DEL MILLONARIO

El último capítulo le mostró la actitud psicológica necesaria para difundir su mensaje y construir un negocio real al mismo tiempo.

Con frecuencia me preguntan: Si esto es lo que piensan los expertos, entonces, ¿qué es lo que *hacen*? ¿En qué sobresalen y qué practican sistemáticamente?

En muchos sentidos, las habilidades que un experto debe llegar a dominar están específicamente relacionadas con el vehículo que escojan para comunicar su mensaje. Los escritores deben desarrollar sus habilidades de escritura. Los oradores deben aprender habilidades de presentación y persuasión. Los líderes de seminarios deben ser muy buenos facilitadores; los entrenadores de vida deben saber escuchar e influenciar, etc.

Aunque esto puede parecer obvio, nuestra comunidad definitivamente tiene una desastrosa perspectiva en relación con el desarrollo de habilidades: no tiene ninguna. A diferencia de otras industrias, nuestra comunidad no ha adoptado el desarrollo de habilidades debido fundamentalmente a que no hemos logrado considerar nuestra vocación como una verdadera carrera.

En el sector corporativo, tanto empleados como patrones toman *muy* en serio el desarrollo de habilidades. Los futuros empleados evalúan a los posibles patrones basándose en el entrenamiento y desarrollo de habilidades que recibirán como empleados. Las compañías invierten miles de millones y grandes cantidades de personal y talento en sus departamentos de recursos humanos y desarrollo organizacional, para crear sofisticadas "especializaciones", programas de "desarrollo acelerado" y oportunidades para adquirir nuevas habilidades.

Curiosamente, nuestra industria rara vez se refiere al desarrollo de habilidades o se concentra en ese tema. Una razón de esta triste realidad es la cómoda mentira utilizada en la comunidad según la cual "usted puede subcontratar todo y ser el talento". Esa mentira ha costado a miles de futuros expertos miles de dólares y la pérdida del control de su destino. Si usted desea controlar su destino en cualquier carrera o industria, entre ellas la nuestra, necesita desarrollar verdaderas habilidades en lo que hace.

Viniendo de un medio corporativo, me dediqué a desarrollar habilidades con gran entusiasmo y dedicación, incluso cuando era difícil o aburrido. Eso me ha hecho destacarme y me ha permitido tener un gran control y confianza en mi futuro.

Un ejemplo: En 2007 entendí que los videos en línea serían el principal medio de comunicación para los expertos en el futuro. Sé que 2007 parece una fecha tardía para entender ese hecho, pero tenga en cuenta que aun no existía una tecnología eficaz, confiable y asequible para el flujo (*streaming*) de videos de largometraje. Existía la tecnología para cortometrajes, pero recuerde que los expertos dan entrenamiento y nuestros videos suelen ser de *una hora* o más. En aquel momento, muy pocas personas estaban realmente usando el video en línea en sus promociones o programas de entrenamiento.

Gracias a las nuevas tecnologías de *streaming* que surgieron por aquella época, fue posible publicar videos de entrenamiento y reproducciones de seminarios web en largometraje (una hora de duración o más). Esto cambió el juego. En ese momento, un pequeño equipo de expertos vendedores en línea —entre los que estaban Frank Kern, Andy Jenkins y Mike Koenigs— comenzó a sonar las trompetas y decirle a la comunidad que tomáramos en cuenta el uso del video en nuestro mercadeo. Pero hasta el momento en que escribo esto, la mayoría de los expertos no usan video aun cuando ha comprobado ser más efectivo y lucrativo para la industria. ¿Por qué?

Es porque pocos expertos examinan el horizonte de nuestra industria y se preguntan: ¿Qué nuevas habilidades necesitaré desarrollar para seguir siendo competente, estar conectado y ser efectivo? La gente se hace esa pregunta permanentemente en el ámbito corporativo, pero rara vez en el de los empresarios expertos.

En el caso de los videos en línea, muchos expertos destacados pensaron: "Sí, el video será importante algún día. Lo subcontrataré". Resulta ser que en el ámbito de los expertos empresarios, "subcontratar" frecuentemente se convierte en "algún día haré algo al respecto".

Yo asumí el video de una manera muy diferente. Pensé: "El video se está convirtiendo en algo muy importante en nuestra industria. Más me vale aprender y desarrollar las habilidades necesarias ahora mismo". Con esto en mente, asistí a algunos cursos gratuitos sobre filmación de video ofrecidos por una escuela local de arte. Investigué sobre filmación, edición y publicación de videos. Les escribí correos a personas que usaban video en sus ventas en línea y les pregunté cómo lo hacían.

Más importante aún, actué y me compré una cámara Flip barata de video y comencé a filmar videos en mi apartamento. Mis primeros videos eran grabaciones de mí mismo mirando a la cámara y enseñando algunos conceptos básicos sobre desarrollo personal. Eran horribles. *Realmente* horribles. Pero, la primera vez que monté en bicicleta, tampoco me fue muy bien y yo asumí el video igual que montar en bicicleta o aprender cualquier otra habilidad: se aprende y se mejora con la práctica.

Mientras escribo esto, la forma en que uso los videos en línea para vender mi imperio de experto es probablemente la más comentada en la industria. Usando solo video —algunas veces captándolo directamente en cámara y otras usando las tecnologías de grabación de imágenes en pantalla para hacer grabaciones de videos de una presentación de PowerPoint— he logrado obtener un éxito notable. En tan solo doce meses, comencé a usar exclusivamente video en promociones de más de dos millones de dólares. Filmaba un video a la semana como promedio, con lo cual le ofrezco a mi público y a mis clientes de entrenamiento una valiosa herramienta. No está mal para un muchacho que comenzó con una cámara Flip de video.

La idea no es impresionarlo sino transmitirle la importancia de identificar una serie de habilidades que serán clave para su éxito a largo plazo, y ayudarle a desarrollar dichas habilidades con diligencia y de forma sistemática. El video era importante para mi futuro, así que decidí aprender a usarlo. He tenido la misma dedicación con otras áreas y habilidades que son importantes para mi éxito a largo plazo, como el código HTML, la redacción, el desarrollo de productos, la persuasión y el diseño gráfico.

Hágame caso: si es importante para tener éxito a largo plazo, no lo subcontrate: apréndalo. Su éxito está impulsado por las habilidades que domina.

Generalmente afirmo que todos en nuestra industria deben desarrollar sus habilidades de escritura, específicamente la redacción para mercadeo, hablar en público y persuadir; para moderar reuniones de grupos grandes;

entrenar a individuos para que alcancen sus metas; filmar y editar video; y administrar blogs y sitios de redes sociales. Puede parecer que es mucho para aprender pero, yo personalmente, desarrollé el dominio de estas habilidades en menos de cuatro años. Esos cuatro años, ¿se justifican a cambio de una vida de seguridad en su carrera? Yo pienso que sí. El gran beneficio en nuestra industria es que usted va adquiriendo estas habilidades "mientras trabaja", mientras difunde su mensaje. Para difundir su mensaje, usted haría lo siguiente:

- Crear un blog y un espacio en las redes sociales de la web.
- Escribir algunos artículos y comentarios para esos sitios.
- Filmar, editar y publicar videos en esos sitios.

Al hacer estas cosas, estará adquiriendo las habilidades. Al entrar en acción, esforzarse, entender, hacer numerosas preguntas y persistir, descubrirá que ha logrado el dominio del tema.

Aparte de las habilidades ya mencionadas, considero que la mayoría de los expertos exitosos concentran la mayor parte de su tiempo en desarrollar y practicar cinco destrezas que yo denomino los "Mandatos del mensajero". Son habilidades únicas que usted tiene que desarrollar para sobresalir en nuestra peculiar industria. Llamarlas habilidades puede no ser apropiado porque pueden ser consideradas más como tareas o esfuerzos de trabajo que como destrezas. Sin importar cómo se refiera a ellas, los siguientes cinco mandatos son mi respuesta a la pregunta: "Para tener éxito en esta industria, ¿qué necesito hacer y en qué debo ser realmente bueno?".

Mandato # 1 del mensajero: Posicionarse

Todo mensajero debe ser hábil para lo que yo llamo "posicionarse" en la industria. Ese es mi gran término para desarrollar un buen sentido de a) lo que su audiencia quiere y b) lo que es necesario para que sus clientes y otros expertos de la comunidad lo respeten. Si usted no está bien posicionado en la industria, al igual que en cualquier otra carrera o rol, usted no podrá continuar allí. Usted tiene que estar seguro de que se dirige al público apropiado y que las personas lo noten y, rápidamente, comprendan su valor en relación a los otros jugadores en su mercado.

Comencemos por el posicionamiento con su público. Sobra decir que usted tiene que saber cuál es su público y qué quiere. Una vez sabe eso, usted tiene que ofrecerle información muy útil y práctica de forma regular. Cuanto menos valioso y menos frecuente sea su contacto con ellos, más baja será su posición. Si usted no está en primer lugar en sus mentes, no será relevante ni recordado. Si usted no oye con frecuencia esta frase, usted no está logrando posicionarse correctamente: "¡Ah, estoy ansioso de que llegue su próximo [video, boletín]! ¡Siempre que veo su nombre en mi buzón, es el primer correo que abro!".

Usted también tiene que posicionarse en relación a otros expertos. Ya sé que "posicionarse" es un término extraño, así que permítame ilustrar el concepto. Cuando decidí comenzar a ofrecer seminarios de desarrollo personal, me dediqué a investigar a mi "competencia" (realmente no considero a nadie en la comunidad como mi competencia, ya que todos somos únicos). Quería saber quién más estaba enseñando mis temas, qué enseñaban, cómo los enseñaban, cómo vendían sus programas, cuánto cobraban, cómo eran sus sitios web, etc. Me suscribí a los boletines de noticias de todos ellos, compré sus productos y asistí a sus eventos. Mientras lo hacía, pensaba constantemente en lo que me hacía diferente y en la forma en que quería que me percibieran. Cuando al fin sentí que ya conocía suficientemente bien la industria, tuve que tomar decisiones difíciles, las mismas que tiene que tomar todo futuro experto: *¿Cómo les explico en qué soy diferente? ¿Por qué es valioso mi mensaje? ¿Cuánto cobro? ¿En qué "nivel" quiero participar?*

Al escoger las respuestas para esas preguntas, lo que realmente estaba haciendo era dando forma a mi posicionamiento en la industria. Si no podía responder inteligente y conscientemente, sería como cualquier otro y nadie me tomaría en cuenta (ni compraría mis programas). Así que empleé mucho tiempo, deliberada y estratégicamente, para distinguirme, y diferenciar mi mensaje, del resto. Usted debe hacer lo mismo.

Excepcionalmente, también escogí un sendero algo polémico. A pesar de que recién comenzaba en la industria, decidí posicionarme en la cima, cobrando lo mismo —si no más— que los más reconocidos expertos en desarrollo personal y crecimiento empresarial. Lo hice por varios motivos. Al explicar esos motivos me arriesgo a sonar egolátrico, pero espero que usted ya tenga claro que no lo soy. Tan solo creo que explicar estilo de pensamiento puede contribuir a que me entienda mejor.

Primero, decidí cobrar tarifas altas porque pensaba que mi historia y mis estrategias para el éxito eran únicas y transformadoras. Veía el efecto que tenían sobre las personas y los resultados eran espectaculares.

Segundo, mis mensajes sintetizaban tantos "buenos hábitos" que sabía que eran integrales e innovadores. Además, también sabía que mis mensajes estaban organizados de manera muy práctica y aplicable. La principal queja que se oía en la industria en ese momento era que la mayoría de los seminarios eran o muy conceptuales o demasiado entusiastas.

Las personas querían verdaderos negocios, un entrenamiento tangible, así que organicé mi información para responder a sus reclamos. Mientras fui consultor en Accenture, aprendí mucho sobre entrenamiento y programas de aprendizaje para adultos de primera categoría y apliqué esas lecciones a mi trabajo en esta "industria de expertos".

Tercero, sentía que mi presencia y el estilo de mis presentaciones era diferentes y más atractivos que los de muchos otros. Desde luego, suena extraño —si no descaradamente arrogante— decir eso. Pero, personalmente, la mayoría de los expertos y presentadores me parecían terriblemente almidonados, monótonos y forzados. La realidad es que la mayoría de las personas no se esfuerza por ser buenos actores. Me pareció que esta sería una gran oportunidad para que mi estilo —asequible, alegre, entusiasta, comprometido, atrayente y auténtico— sobresaliera. Años después, en Experts Academy, Paula Abdul le diría al público que ella me amaba porque yo era como un "chihuahua endrogado".

Cuarto, decidí dedicar mis seminarios al entrenamiento más que a un despliegue publicitario para presentar una docena de programas. Esa fue una diferencia fundamental en mi carrera, tal vez la razón de mi éxito. En esa época, muchos seminarios eran simplemente eventos de un día que enganchaban a la gente para otros programas de mayor costo. O eran el escenario para que una docena de oradores vendieran algo. Estas "ferias" estaban en furor porque eran sumamente lucrativas. Yo participé en muchas, pero me di cuenta de que no tenían futuro.

Tomé la decisión financiera de realizar seminarios de entrenamiento de mayor duración: eventos de tres y cuatro días. También opté por vender menos programas desde el escenario y favorecer materiales de estudio y entrenamiento.

Quinto, llegué a la conclusión de que mis materiales de entrenamiento, mi conducción de los eventos y el negocio eran muy diferentes de lo normal. En otras palabras, yo estaba obsesionado por la calidad y la excelencia mientras que muchos otros, si no la mayoría, parecían no entenderlo. Por ejemplo, la mayoría de los seminarios de la industria se realizaban en hoteles baratos y oscuros. Los folletos y materiales que se repartían eran impresos en papel ordinario y eran, básicamente, fotocopias de fotocopias ensambladas en carpetas de mala calidad. Peor aún, se ponía poca atención al ambiente y la música. Decidí reservar mejores hoteles y salones de conferencias con ventanas. Nuestros salones estaban bien iluminados, distribuíamos folletos de gran calidad en hermosas carpetas, mejoramos el sonido, etc. Le di a mi marca más profesionalismo, poniendo atención a todos los detalles... inmediatamente llamó la atención, tanto entre los clientes como entre mis colegas en la comunidad.

Finalmente, decidí conocer a todos los expertos sobresalientes en mi industria. Me acerqué a ellos o a sus organizaciones y les ofrecí o un producto valioso, entrevistarlos, hablar en sus escenarios, citarlos en mi trabajo, promover sus productos e invitarlos a hablar en mis eventos. En poco tiempo me hice amigo de casi todos los principales expertos en mi industria. Ellos comenzaron a promoverme entre su público, lo cual mejoró aun más mi posición, ya que más personas comenzaron a ver mi familiaridad y relación con los "grandes nombres".

Todo eso me llevó a creer que tenía las suficientes características distintivas para cobrar precios altos. Y fueron estos elementos distintivos y este nivel de precios los que rápidamente me posicionaron en la cumbre de la comunidad de expertos. Al año de comenzar mis seminarios, todas las entradas para mis eventos se vendían. Y esto fue durante una época en que la economía iba en picada y la mayoría de los expertos apenas lograba llenar el cupo de sus eventos.

Lo importante aquí es que su diferencia, los precios que cobra y su nivel de conexión con sus colegas son de vital importancia para posicionarse en la comunidad. Usted tiene que ser totalmente consciente de esto, porque su meta es elevar su presencia en nuestra comunidad de expertos de manera rápida, estratégica y ética para sobresalir, atraer más clientes y crear una marca de la que sus pares quieran formar parte y promoverla.

A menudo les digo a mis clientes que para sobresalir tienen que posicionarse estratégica y sistemáticamente de tres maneras. Primero, tienen que posicionarse como una fuente confiable sobre su tema. ¿Cómo se hace eso? Usted publica gratuitamente materiales valiosos en el mercado y en línea para que las personas lo conozcan y reconozcan sus diferencias. Usted crea y distribuye artículos, videos, seminarios por Internet, teleseminarios, podcasts, libros electrónicos, etc. Obviamente, usted no tiene que hacer todos esos formatos, pero usted sí necesita difundir su mensaje. Y, sí, debe publicarlo gratuitamente para que las personas puedan hacerse una idea de quién es usted.

Segundo, le digo a mis clientes que deben posicionar su información como técnicas de entrenamiento de vanguardia. Tienen que poder decirle confiada y directamente a sus clientes: "Oigan, estos son los últimos resultados e investigaciones que he recopilado. Es algo innovador y lo he organizado de manera que lo pueda entender fácilmente y aplicarlo". Cuanto más cuidadoso sea al crear excelentes programas de entrenamiento, más personas lo verán como un proveedor de valiosos mensajes. Mi dedicación personal a este concepto ha ayudado a que mis productos y programas se vendan solos y ha atraído a gente del mundo entero a nuestros entrenamientos. Cuando las personas saben que lo que usted ofrece es lo mejor que hay en oferta, confían en usted y… le compran.

Finalmente, les recomiendo a mis clientes que se mantengan muy cerca de los demás expertos en su campo. Asista a sus seminarios, converse con ellos en las conferencias, planeen cosas juntos, promuévalos, y ofrézcales su valiosa colaboración a ellos y sus negocios. Como en cualquier otra industria, hasta cierto punto, usted prospera dependiendo de a quién conoce y con quién se asocia. Así que dedique tiempo para conversar con los pensadores destacados, entrevístelos para su público, y pídales que hagan lo mismo por usted. Fomente buenas relaciones. Entre en el círculo de los gurús y quédese ahí.

Posicionarse usted y posicionar sus contenidos inteligentemente es tanto una habilidad como un mandato para tener éxito en la industria. La clave de este trabajo es distinguirse, ofrecer un producto valioso y hacerse una buena reputación en la industria. Yo lo tengo presente en todas las comunicaciones que envío y en todo programa que desarrollo. Usted debe hacerlo también.

Señalizadores para expertos:

1. Las lecciones que acabo de aprender sobre el posicionamiento son…

2. Las medidas que tomaré para posicionarme en la industria son…

3. Las personas a las que debo acercarme en la industria son…

4. Quiero que me perciban en la industria como…

Mandato # 2 del mensajero: Empacar

En el nivel más básico, los mensajeros y expertos son *creadores de información*. Descubrimos lo que los clientes quieren y qué mejoraría sus vidas o sus negocios, y luego salimos a crear unos productos y programas informativos que les sean útiles. Somos creadores.

Y, al igual que posicionarse, crear y difundir información valiosa para las personas es una habilidad y un mandato para los expertos. Me gusta utilizar el término "empaque" para describir tres actividades que nos permiten construir un verdadero negocio con una excelente reputación.

Primero, los expertos tienen que aprender a *empacar su información* de manera que los clientes la entiendan e implementen fácilmente. A pesar de los intentos de los medios para forzar a los expertos a reducir sus consejos a tres o cinco frases, empacar sus consejos no es tan simple.

Resumir, fragmentar, ordenar y estructurar nuestro mensaje son habilidades que toma tiempo dominar. La verdad es que la mayoría de las personas no tiene ni idea de cómo pensar siquiera en la inmensa cantidad de conocimientos que tienen sobre la vida y los negocios. Ni siquiera saben cómo comunicar sus consejos para que la gente los entienda lo suficientemente bien para poder usarlos. Y rara vez saben cómo presentarlos de tal manera que los clientes los encuentren atractivos e inspiradores.

Enseño mucho sobre el tema de creación de mensajes en Experts Academy, pero permítame describirle mi distinción preferida a la hora de crear y organizar materiales de alto valor.

¿Alguna vez se ha preguntado por qué un catedrático universitario gana menos que un asesor profesional? ¿O por qué un gurú de autoayuda es mejor remunerado que un terapeuta o consejero? Obviamente, tiene mucho que ver con el posicionamiento en el mercado. También tiene mucho que ver con la forma en que "empacan" su información.

El profesor universitario crea y transmite información, al igual que los expertos. La misión del profesor universitario es transmitir *conceptos* y *teorías* sobre un tema determinado. La organización de su información busca ayudar a los estudiantes a adquirir una perspectiva amplia del tema para que lo entiendan y, quizás, desarrollen habilidades de pensamiento crítico. Restringido por el tiempo y la tradición, el académico vuela alto dando una perspectiva general del tema. Aprender y pensar son los resultados que busca.

El asesor profesional, por su parte, se plantea la educación de otra forma. Los asesores se enfocan menos en los conceptos y teorías y más en los *procesos* y *metodologías prácticas*. La organización de su información está determinada por los procesos y sistemas, y va dirigida a ayudar al alumno a ir más directa y efectivamente, paso a paso, del punto A al punto B. La meta no es tanto ayudar a las personas a desarrollar habilidades de pensamiento crítico sino a adquirir las destrezas para obtener un resultado específico. Liberados de las restricciones educativas tradicionales, el asesor actúa y determina lo que los pupilos realmente hacen para implementar los conceptos y teorías "en las trincheras". Los resultados son la implementación de procesos y el logro de resultados.

Ahora, antes de que empiece a recibir correos de académicos del mundo entero señalándome que estoy errado, déjenme aclarar el ejemplo que acabo de dar. Primero, estoy haciendo una generalización para ilustrar mi punto. De ninguna manera estoy sugiriendo que los catedráticos no sean valiosos, hábiles, de buenas intenciones, capaces o, para el caso, enfocados en los procesos como los asesores. Que quede claro, soy un decidido partidario de la educación tradicional. Soy el producto de una educación humanista y, personalmente, desearía que todo el mundo tenga la oportunidad de obtener un título universitario. La época de universidad fue, de muchas maneras, la más enriquecedora y placentera de mi vida. Creo que todos mis maestros y educadores universitarios deberían ganar muchas veces más de lo que les pagan.

Pero espero que entienda mi comparación. Para bien o para mal, aquellos que enseñan procesos y soluciones aplicables son mejor valorados en el mercado que aquellos que enseñan conceptos y teorías. Enseñar información paso a paso es más valioso que enseñar la visión general. Si alguien, especialmente alguien que nunca lo ha conocido cara a cara, va a comprar su producto o programa, querrá saber que recibirá consejos e información que puede seguir para ir directamente del punto A al punto B.

No puedo hacer suficiente énfasis en esto. He ayudado a clientes a elevar sus precios a la décima potencia, en docenas de áreas temáticas, sencillamente aconsejándoles crear un sistema más claro y aplicable, que sus clientes pudiesen seguir para resolver un problema y obtener un resultado específico.

Entonces, para empacar bien su información, usted debe tener claro lo que su cliente quiere superar o lograr. Luego, usted debe crear un proceso explicado paso a paso, que le muestre cómo alcanzar esa meta. Cuanto mejor hecho esté esto, mayor valor tendrá. Cuanto más valioso sea el producto que ofrece, más podrá cobrar. Cuanto más valioso sea el producto que ofrece y más cobre, mejor posicionado estará.

Segundo, los expertos tienen que aprender a *empacar bien sus productos*. Si usted va a crear un programa de audio, con las transcripciones y un cuaderno de ejercicios, su programa tiene que estar bien organizado y bien diseñado. Eso puede parecer obvio pero, muchos futuros expertos al inicio de su carrera suelen economizar y crear productos baratos. Personalmente, considero que el 80 por ciento de los productos de nuestra industria se ven horribles. Así como Apple cambió la historia al reinventar la imagen y look de las computadoras personales y dispositivos móviles, también lo harán los expertos que hagan de sus productos algo bello e intuitivo.

A usted que está interesado en diseñar sus propios productos, le digo: anímese. Es muy sencillo trabajar en el diseño de sus productos con un diseñador y fabricante. El mensaje no es que tiene que convertirse en diseñador gráfico o industrial; es que, como dueño de su imperio, tiene que asegurarse de que sus productos se vean magníficos.

Finalmente, los expertos tienen que aprender a *empacarse bien a sí mismos*. Usted debe presentar ante el mundo la imagen de una persona muy organizada, coherente, bondadosa, confiable, feliz y saludable. Es una realidad difícil de aceptar para algunos, pero así es. Si usted tiene una apariencia descuidada y poco atractiva, nadie lo seguirá. Si usted no es capaz de cuidar de sí mismo o seguir sus propios consejos, ¿por qué habrían de creerle o comprarle?

Si le preocupa su apariencia y belleza... tranquilo; esta no es la industria de las muñecas Barbie y Ken, usted no tiene que verse como modelo de portada de revista o estrella de cine. Dios sabe que no he llegado a donde estoy por ser guapo. Yo diría que la mayoría de los expertos en nuestra comunidad son *poco agraciados*, personas promedio como cualquiera de sus vecinos. La diferencia es que los expertos mejor pagados irradian éxito porque se identifican a sí mismos como éxitos, y se visten y actúan como profesionales exitosos.

Si usted quiere sobresalir en la industria, vístase bien, hable bien y compórtese bien. Proyecte la fuerza y energía que lleva dentro, muéstrese sensible y entusiasta. No intente ser algo que no es y, por favor, no sea otro ruidoso y exagerado carismático. Simplemente muestre lo mejor de sí mismo, siempre, y especialmente cuando esté bajo los reflectores de luz. En todas sus fotos, sitios web, videos, productos y presentaciones, presente lo mejor de usted. Es esencial para su marca y posicionamiento. Nunca olvide que usted es un modelo para otros. Una buena salud y una energía optimista es algo que todos debemos mostrarle al mundo.

Señalizadores para expertos:

1. Las lecciones que aprendí sobre empacar son...

2. Al crear mi información y productos, los empacaré para que sean...

3. Quiero que mi marca aparezca ante el mundo de una forma que me muestre como una persona ...

4. Las medidas que voy a tomar para mantenerme en forma, saludable y enérgico son...

Mandato # 3 del mensajero: Promover

Una vez que haya creado su posicionamiento y empaque, es hora de mostrarle al mundo quién es usted, lo que enseña y lo que ofrece. Es hora de promoverse.

Apuesto a que esto lo aterra. Siempre bromeo diciendo que si fuera cierto que los expertos están impulsados por su ego, no les daría tanto miedo la autopromoción. La realidad es que a la mayoría de los nuevos expertos les aterroriza la idea de "venderse". Pero la buena noticia es que el mercadeo en nuestra industria es *muy* diferente de lo que muchos esperan.

Primero, permítame disipar un mito. Muchos entrenadores en nuestro ámbito suelen decir: "Tu primera tarea es promocionarte constantemente". Aunque la intención es válida, el mensaje no lo es. El principal trabajo en este negocio es *enseñar y servir* a otros. Eso es lo que usted ansiaba hacer y es lo que debe hacer. Por fortuna para usted, nos encontramos en un momento muy interesante y decisivo en el que el *entrenamiento es mercadeo*.

En el antiguo mundo del mercadeo, los expertos enviaban promociones espectaculares a sus clientes, anunciándoles que tenían un nuevo producto disponible. Por ejemplo, un escritor enviaba postales, folletos y correos electrónicos a diestra y siniestra anunciando su nuevo libro. En realidad, estaban diciendo: "¡Atención! Sé que no me he comunicado con usted por algún tiempo pero, caramba, tengo algo que le puede ayudar. ¡Compre mi producto hoy mismo!".

Esta estrategia de "anuncio de mercadeo" nunca funcionó realmente bien y, hoy en día, es totalmente inútil. La mejor forma de hacerlo actualmente es ofrecer algo valioso gratuitamente al cliente, enseñándole y entrenándolo sobre su tema. La idea, como ya he dicho, es enviar información gratuita —llamadas, videos, seminarios web o libros electrónicos, por ejemplo— durante unos días o semanas. Y luego decirle: "Apreciado cliente, si eso le gustó, mi nuevo programa le *fascinará*". La diferencia es sutil pero significativa: nunca trate de vender sin primero dar un valor significativo. Esa es la diferencia entre promover y hacer campañas. Al ofrecer información gratuita primero, sus clientes vuelven a conectarse con quien usted es y lo que tiene para ofrecerles. Luego, cuando usted les informa que tiene algo para la venta, tienen una mejor idea del valor y una mayor expectativa y posibilidad de comprar.

Para promover efectivamente su mensaje, marca y productos, lo que usted necesita es un sitio web y un sistema de carrito de compras que le obtener los datos personales del cliente, enviarle correos electrónicos y procesar las compras con tarjeta de crédito. La mayoría de las personas en nuestra industria comienzan con servicios de carrito de compras tales como 1shoppingcart, Office AutoPilot o Infusionsoft. Cuando haya ha montado la infraestructura en línea para ofrecer sus materiales, obtener datos personales y hacer ventas, sus esfuerzos se reducen a relacionarse con sus clientes y crear productos y promociones. Eso es, en pocas palabras, su nueva carrera.

La clave para tener éxito con sus promociones es entender los hábitos de compra y la psicología de las ventas. La mayor parte de Experts Academy ha sido pensada para enseñar esto y dar campañas específicas a escritores, oradores, entrenadores de vida, líderes de seminarios y vendedores en línea. Sin embargo, los conceptos básicos de la promoción de un producto para la venta son universales. En cualquier buen mensaje de ventas hay ocho elementos presentes y todos ellos deben ser usados en nuestros videos promocionales.

La afirmación.

Todo buen mensaje de ventas debe comenzar con una afirmación, una promesa frontal sobre cómo el producto o servicio le ayudará a otros a alcanzar algo. Es importante saber que las personas no suelen leer más allá del título o ver más que los primeros minutos de un video. ¿Por qué? No es porque no puedan mantener la atención por periodos prolongados, aunque podría pensarse que esa es la razón. Es porque no se sienten suficientemente interesados y atraídos para continuar. Ese es el objetivo de su afirmación: captar su interés. Sus clientes deben leer o escuchar su afirmación y decirse a sí mismos: "Sencillamente TENGO que conocer más sobre esto". Para lograr eso, su afirmación debe resaltar los beneficios, resultados, novedad, diferencia y factores fascinantes de lo que ofrece.

El reto.

¿Cuáles son los problemas que sus clientes enfrentan en sus vidas? ¿Cuánto les cuestan esos problemas? ¿Qué les impide seguir adelante? ¿Qué sucederá si no resuelven esos problemas? Esas son las preguntas que usted debe abordar para crear una relación con sus posibles clientes. Demuéstreles que usted entiende el mundo en el que viven y sus problemas. Haga énfasis en lo "malo" que es y como empeorará si no se hacen cambios inmediatos. Las ventas son realmente el arte y la ciencia de iluminar los problemas de los otros e inspirarlos a comprometerse a buscar una solución. No importa cuán frío y horrible suene eso, es la verdad: las mejores promociones siempre lo convencen de que algo falta en su vida y que puede o debería tener más. Su trabajo como vendedor de su mensaje es mostrarle a la gente la *necesidad* que tiene de lo que usted ofrece, iluminando sus retos y lo que necesitan para superarlos. Pero usted nunca debe aparecer como alguien que no ha tenido que enfrentar esos retos, y ese es el motivo por el cual necesitamos el siguiente elemento.

El sentido de comunidad.

Con frecuencia digo: "Si no has vivido eso, ellos no te oirán". Es una afirmación sencilla que nos recuerda que las personas ponen atención a expertos que se parecen a ellas. Uno de los errores más frecuentes que cometen los nuevos expertos al promover su mensaje es parecer demasiado perfectos y demasiado exitosos para ser creíbles. Olvidan lo que el gran educador Booker T. Washington dijo alguna vez: "El éxito se debe medir no tanto por la posición que se ha alcanzado en la vida como por los obstáculos que han superado". La gente suele relacionarse más frecuentemente con sus luchas que con sus éxitos. También muestre que usted y su posible cliente tienen un futuro de éxitos en común. Diga algo así: "Sé en dónde está. He pasado por ahí. Estamos juntos en esto y yo estoy aquí para ayudarle. Vamos al mismo lugar, usted y yo". Una historia y una travesía en común para superar los retos crean una relación increíblemente fuerte. Una vez usted tiene una relación con sus posibles clientes, el siguiente paso es mostrarles por qué *usted* es la persona indicada para ayudarles a avanzar.

La credibilidad.

Usted fomenta su credibilidad al explicar los motivos por los cuales está calificado para ayudar a sus clientes a superar sus retos y mejorar sus vidas, resultados o situación. En el caso de los expertos, esto se logra relatando los resultados que usted ha obtenido en la vida, la investigación que ha realizado y compilado, o las razones por las que es un modelo de conducta. Este no es el momento para jactarse de todas las pequeñas cosas que ha hecho en la vida, ni es el lugar para fanfarronear sobre su trayectoria o riqueza. Es el lugar en el que usted querrá relata es su historia de cómo descubrió la solución que finalmente le ayudó a dar el gran paso adelante. Aquí es donde usted dice, en efecto: "He recorrido el camino en que usted se encuentra. Ya llegué a mi destino y estoy acá para acortar su curva de aprendizaje y su sendero al éxito. Lo he hecho y ya he ayudado a otros a hacerlo, esta es la *prueba*". Luego, usted demuestra su credibilidad resaltando sus logros así como los de otros que han tenido éxito gracias a su asesoría o soluciones.

La elección.

Ningún mensaje de ventas puede ser eficaz si no logra crear una elección clara y poderosa en la mente del cliente. Usted debe presentar su producto, programa o servicio de tal manera que sea *obviamente diferente y mejor* que todo lo que hay en oferta. Sea audaz al explicar que las otras ofertas del mercado son insuficientes o poco efectivas. Afirme enfática y específicamente por qué su solución es la mejor disponible hasta el momento. Señale todos los beneficios que su solución aportará a la vida del posible cliente, de manera que la *deseen* y la *necesiten*. Le daré uno de los secretos de mercadeo entre los cientos que enseñamos en Experts Academy. Publique testimonios de clientes en los que expliquen *por qué escogieron su solución*. Esto constituye una prueba social y da origen, en la mente de su potencial cliente, a la argumentación para hacer una selección similar.

Comparación de precios.

A todos el mundo le gusta hacer un buen negocio. El cliente quiere saber que cuando compra algo su valor real es mucho, mucho mayor de lo que está pagando. Sabiendo esto, usted nunca debe presentar el precio de su oferta sin explicar primero el alto valor de lo que ofrece. Usted quiere que su cliente piense que su oferta será más costosa de lo que resulta ser. Esto se hace por una yuxtaposición de precios —mostrar grandes cifras y alto valor y, luego, descender a una cifra más baja pero igualmente de alto valor. Por ejemplo, si está tratando de vender algo en $19.95, usted puede señalar que las soluciones similares cuestan cientos de dólares o que su solución puede producirle cientos —si no miles— de dólares, etc. Si sus clientes potenciales no creen que su solución valdrá *diez veces* el precio que pagan por ella, usted no está haciendo un buen trabajo. Repito, debe hacer todo esto de forma ética e inteligente, pero la ventaja debe ser clara: hágalos sentir que están haciendo un excelente negocio.

Preocupaciones.

¿Cuáles serán las probables objeciones de los clientes para comprar su solución? ¿En qué dudan de usted? ¿Qué temen que no suceda cuando compren su producto, programa o servicio? Responder a este tipo de preguntas en su mente y en su mensaje de ventas es *fundamental* para el éxito. Cuantas más objeciones elimine en su mensaje de ventas, más ventas hará. Los grandes vendedores dedican mucho tiempo a responder a las objeciones y preguntas frecuentes que sus clientes pueden tener durante su proceso de toma de decisión. Usted también debe hacerlo. Personalmente, nunca vendo nada sin antes realizar pruebas informales con amigos, desconocidos y clientes antiguos. Les cuento lo que tengo. Les muestro mi producto y videos de venta y les pregunto: "¿Qué preocupación u objeciones cree que alguien puede tener para comprar esto? Usted, ¿compraría esto ya, en efectivo? ¿Por qué?". Las lecciones que saco de estas pruebas las traslado directa y explícitamente a mis mensajes de ventas.

Conclusión y llamado a la acción.

Hacer una buena conclusión y llamado a la acción parece algo obvio pero casi todos los nuevos vendedores a los que he conocido fallan ahí. Un buen llamado a la acción debe llevar a un *crescendo*, acumulando tantos maravillosos beneficios, ventajas, garantías y mensajes de urgencia que el cliente piense: "*¡Tengo* que comprar esto *ya!*". Desglosemos la última frase. Un buen llamado a la acción es una acumulación de mensajes. Primero, se describen los beneficios y ventajas: *más* motivos y razones para que el cliente compre inmediatamente. Por eso, en todo comercial que usted haya visto sobre algún simple producto, la oferta se duplica al final. *¡Sí, usted no recibe uno sino DOS cuchillos Ginsu si compra ahora mismo!* Segundo, los buenos cierres anulan los riesgos y tranquilizan al cliente: *Si usted no queda totalmente satisfecho con este producto, podrá devolverlo antes de 30 días y le reembolsaremos su dinero.* Las garantías son muy importantes en nuestra industria. Aunque la mayoría de los novatos piensan que se aprovecharán de ellos si dan garantía, el hecho es que muchas más personas comprarán sus productos gracias a la garantía que los acompaña. Una buena conclusión termina anunciando la escasez del producto o la urgencia de decidir rápidamente, informando al cliente por qué debe comprar inmediatamente o arriesgarse a perder un gran negocio. Finalmente, una buena conclusión debe terminar con un llamado a la acción claro, directo, sencillo y repetido: *"Presione el botón siguiente ahora mismo para comenzar"* o *"Llame ahora mismo al siguiente número telefónico para realizar su compra"*.

Estos ocho elementos de un buen mensaje de ventas son un simple panorama general del buen mercadeo. Espero que le sirvan para pensar su próxima promoción. Si le interesa profundizar en el tema del mercadeo de su mensaje, visite Experts Academy y suscríbase ingresando sus datos personales. Ofrezco regularmente excelentes estrategias y tácticas de mercadeo a mis suscriptores.

Convertirse en un gran vendedor es como todo lo demás: se logra aprendiendo de otros, haciéndolo, experimentando, haciendo pruebas y mejorando. Lo ánimo a tomarse muy en serio el mercadeo y dedicarle toda la vida a estudiarlo. Su mensaje merece ser oído por las masas y usted merece ganar dinero cuando sirve a otros. Para lograrlo tendrá que convertirse en un excelente promotor.

Señalizadores para expertos:

1. El siguiente producto o programa que crearé y promoveré es...

2. Los beneficios que obtendrán las personas de este producto son...

3. La información gratuita que puedo enviar antes de ofrecer este programa a la venta es...

4. Los motivos por los que la gente se sentirá obligada a comprar este programa son...

Mandato # 4: Asociación

Usted solo puede difundir su mensaje hasta cierto punto. Aunque a todo el mundo le encantaría que su mensaje fuera como un virus y los convirtiera en celebridades instantáneas o fenómenos de YouTube, eso nunca o casi nunca sucede.

Este aspecto es importante y usted debe conocerlo con anticipación. En Experts Academy he conocido cientos de personas horrorizadas porque su mensaje no levantaba vuelo por sí solo. Muchos me dicen: "Brendon, no lo entiendo. Todo el mundo *necesita* mi información. Es un mensaje tan importante, capaz de cambiar vidas, pero no está funcionando. ¿Qué le pasa a la gente? ¡Difunden el video del gato juguetón en YouTube pero no mi mensaje que puede cambiar la vida! ¡Ayúdame!".

Esto es gracioso en muchos sentidos. Primero, es terriblemente cierto: cualquier animal que cae, vomita, muerde, juega o se ve bonito invadirá el mundo como un virus. Bienvenido a nuestra sociedad de distracciones insignificantes. Acéptelo y pierda su ego. Cuando el estudiante está listo, el maestro aparece. Su mensaje crecerá como un virus a medida que las personas lo necesiten y lo compartan con otros que también lo necesitan.

También es gracioso en un sentido más oscuro e irónico, porque muchos expertos que aman a la gente y quieren ayudarle acaban exclamando: "*¿Qué le pasa a la gente?*". Por desgracia, pierden el entusiasmo y, sin saberlo, ese sentimiento empieza a deslizarse por sus mensajes como un sutil tono de condescendencia y exasperación. El mensaje comienza a morir. Eso no es gracioso: es el fin de una carrera. Nunca asuma que algo le sucede a la gente simplemente porque no les gusta, creen o ayudan a promover su mensaje. Todo el mundo tiene sus ocupaciones y necesidades y, cuando lo necesiten a usted, lo encontrarán. Desde luego, asumiendo que usted esté allí, a disposición, por medio de su sitio web y sus promociones.

Entonces… ¿qué puede hacer usted para ampliar la difusión de su mensaje y darle la opción de volverse como un virus? Primero, cree materiales y servicios excelentes. Menos obvio, consiga socios que amplíen su difusión. La meta de todo mensajero debe ser encontrar más mensajeros para difundir su mensaje. Incluso Cristo necesitó discípulos y socios promotores.

Conseguir grandes socios promotores es de vital importancia para la difusión de su mensaje y su éxito financiero. Por eso exige su atención y esfuerzo sistemático. Por fortuna, es un proceso bastante sencillo.

Primero, identifique a otros expertos en su tema. Ya he hablado de la importancia de esto. Su misión en su nueva carrera implica conocer a *todos* los personajes importantes en su tema. Esto puede parecer obvio pero, cuando le pregunto a mis oyentes en Experts Academy si me pueden nombrar al menos diez gurús en el tema que han escogido, solo el 10 por ciento del público levanta el brazo. La peor desventaja de los novatos es la ignorancia, y tal ignorancia es más debilitadora que nunca en el tema de quién más está enseñando el propio tema.

Busque en Internet a otros expertos por medio de Google, YouTube, Facebook, LinkedIn y todos los motores de búsqueda y redes sociales. ¿Quién más está entrenando gente en su tema? ¿Quién ha escrito un libro sobre eso? ¿Quién toca el tema en su blog? ¿Quién vive del tema? ¿Quién está haciendo seminarios? ¿Quién da cursos sobre el tema en las universidades? Aunque buscar en Internet a otros mensajeros puede no sonar muy emocionante, es necesario hacerlo. También es interesante descubrir lo que hay y lo que otros hacen y dicen. Por fortuna para usted, la mayoría de lo que encontrará es *basura* y eso lo servirá de inspiración para ponerse el sombrero y liderar la industria en su tema.

Mientras hace esa tarea, cree una hoja de cálculo con los nombres de los otros gurús, sus correos electrónicos, direcciones físicas y sitios web. No se preocupe, encontrar los datos personales es *fácil:* no existe un experto serio en el universo que no incluya sus datos personales en su sitio web. A diferencia de los famosos, los expertos quieren ser encontrados, entrevistados y contactados.

También, a medida que los ubica, suscríbase a sus boletines de noticias para saber el material que envían a sus comunidades. Sus boletines le darán una mejor perspectiva de lo que envían, dicen y venden. Yo me he suscrito a más de 100 listas porque *quiero* saber lo que otros expertos están diciendo y haciendo y, así, permanecer actualizado y relevante. Esto lo hago con un correo electrónico exclusivo que tengo para hacer seguimiento a los gurús.

Después de observar y hacer seguimiento a los gurús durante algún tiempo, comience a reducir la lista a aquellos que le inspiran confianza, le gustan o respeta. Esa lista reducida será su lista de potenciales socios promocionales.

Segundo, cuando haya hecho toda esa tarea —solo cuando la haya hecho— será el momento de establecer contacto con ellos. Aquí es donde el 100 por ciento de los novatos se equivocan. Se presentan ante los otros expertos como idiotas y aficionados. Su primera comunicación suele decir algo así:

Asunto: ¡Por favor, difunda el mensaje!

Apreciado [nombre]:

Soy nuevo en la industria y aprecio su trabajo. Ya casi termino de leer su libro. También soy un apasionado de [tema] porque [insertar una interminable explicación de la historia de vida incluyendo todas las luchas que le han templado el carácter y reforzado el mensaje en su alma]. Dicho todo eso, tengo un nuevo [blog, libro, evento, producto, lo que sea] que saldrá al mercado en tres días y me encantaría que usted [insertar la solicitud común de los novatos, a) me dé algo gratis, b) respalde mi trabajo, c) envíe un correo a toda su lista y les diga lo maravilloso que soy y que compren mis cosas]. Gracias por ayudarme. ¿Podría responderme e informarme cuándo podrá hacerlo? Adjunto mi [lo que quiera: artículo, hoja de vida, propaganda, o cualquier tontería inútil de millones de megabytes que garantice que el mensaje se irá al buzón de *spam*]. Gracias otra vez.

Firma:

Novato Ingenuo

Obviamente me estoy burlando, pero usted entiende. Desgraciadamente, esto es lo que la mayoría hace cuando quieren contactar a los líderes influyentes en su temática. Lo sé, créame: recibo como 100 correos de estos *semanalmente*.

Cualquiera que sepa un poco sobre Networking 101 le podrá decir que este primer acercamiento es terrible. Es un mensaje absorto en sí mismo, innecesariamente largo y solicita favores a un desconocido. He oído a otros expertos decir que este tipo de mensajes son como invitar a alguien a salir, hablarle toda la noche de uno mismo y, luego, pretender que te dé un beso. Pero yo no estoy de acuerdo. Es más como acercarse a alguien y meterle la lengua garganta abajo. No hay ni siquiera una cita, tan solo un acto egoísta que no da al otro tiempo de evaluar quien eres.

El motivo por el cual estas tonterías suceden todo el tiempo es lo que yo llamo "secretitis". Me imagino que si usted está leyendo este libro probablemente ha leído el libro o visto la película llamada *El secreto*. De hecho, es un buen libro. La idea es enviar buenas intenciones al universo con respecto a lo que desea, el universo sentirá su energía y le dará lo que desea. Antes de criticar el libro tengo que admitir que creo que ayudó a muchas personas. El libro tiene un buen mensaje —sus pensamientos y el tema que trata son cosas importantes— y, para revelarlo todo, soy amigo de muchas de las estrellas de la película. Pero incluso las estrellas se dieron cuenta de las piezas faltantes en ese mensaje. El verdadero secreto del éxito supone mucho trabajo, cosa que el libro nunca menciona. Considero que *El secreto* es simplemente otro ejemplar en una larga fila de libros de autoayuda que hipnotizan a nuestra cultura para llevar una vida de "pide y se te dará".

Si usted conoce mi trabajo anterior, seguramente me ha oído decir —y puede citarme— que la era de "pide y se te dará" ha muerto; los grandes de hoy viven y respiran el credo de "*da* y recibirás".

Antes de recibir es necesario dar y ese es el primer principio para conseguir socios promocionales que le ayuden a difundir su mensaje y expandir su negocio. El mejor táctica en nuestra comunidad es contactar a otro experto y ofrecerle exactamente lo que usted espera recibir. Si usted quiere que ellos promuevan su sitio web, empiece por promover el de ellos. ¿Quiere apoyo? Primero *de* apoyo. ¿Necesita retroalimentación sobre un proyecto? Deles retroalimentación sobre los de ellos.

Con el credo de "dar y recibirás" como base, le presento una forma totalmente diferente de contactar a un experto que es un socio promocional en potencia:

Asunto: ¿Puedo promover su trabajo?

Apreciado [nombre]:

Le escribo para agradecerle todo lo que hace por la gente y pedirle autorización para promover su mensaje y negocio en mi círculo de influencia. Estoy seguro de que siempre estará buscando más personas que le ayuden a difundir su mensaje. Sé que ese es mi caso, entonces quisiera saber si puedo enviar un correo sobre su trabajo a mis amigos, familia y admiradores. ¿Hay algo específico que esté haciendo ahora y quiera promover?

Soy un gran admirador de su [blog, libro, producto, evento, etc.]. Me gusta especialmente su mensaje sobre [núcleo del mensaje] y ha significado mucho para mí. Sé que ser un experto puede ser un trabajo poco agradecido así que por favor sepa que su trabajo ha tenido un impacto muy positivo en la vida de muchas personas. Sin duda lo tuvo en la mía.

Ya que estamos en el mismo negocio de [tema], pensé que sería bueno ofrecer su mensaje a mi público aunque no es tan grande como el suyo. Yo ayudo a las personas a [aprender, lograr lo que sea] así que tenemos en común la forma de servir a otros.

Una vez más, gracias por lo que hace. Por favor dígame lo que querría que le diga a mi público sobre usted y cómo puedo ayudarle.

Firma:

Novato Querido

La nota de Novato Querido es todo lo contrario de la de Novato Ingenuo. Ofrece dar algo. Es amable y va al grano. Es abierto. Es bueno.

Pero espere. Usted es un experto, eso quiere decir que en algún sentido usted puede ser demasiado analítico. Eso significa que usted ve una nueva oportunidad o idea e inmediatamente la cuestiona, encontrando objeciones en su mente. Esas objeciones con frecuencia matan su habilidad para ensayar cosas nuevas e implementar ideas. ¿De qué estoy hablando? Sé que mientras leía el correo de Novato Querido usted tal vez pensó: "¡Un momento, Brendon! ¡Yo no tengo un público! ¡No tengo una larga lista de admiradores y suscriptores! ¡Olvídalo, esto no funcionaría en mi caso! ¿Por qué querría alguien trabajar conmigo?".

¿Estoy en lo cierto? Sé que es así porque llevo mucho tiempo trabajando con expertos.

Enfrentemos sus preocupaciones dándole la vuelta a la situación. Si alguien le escribiera a usted este correo, ofreciendo promover su mensaje, ¿realmente le importaría a cuántas personas puede llegar? Cierto, le importaría, pero, ¿se negaría? Desde luego que no. Usted quiere que su mensaje llegue a *todos*, sin importar el tamaño de la lista en que están. Esto es similar a la recaudación de fondos en el mundo sin fines de lucro. Si alguien los contacta y quiere donarles algún dinero, a ellos no les importa si reciben $5 o $50 o $5.000. Sí, desde luego, ellos *preferirían* los $5.000 pero reciben todas las ayudas que llegan y quedan agradecidos porque necesitan ayuda para realizar sus buenas obras. Y usted también. Un mensajero no suele rechazar la ayuda.

Así que cuando el experto escriba dando las gracias e informándole qué promover, usted lo promoverá ya sea en su sitio web, red social u otros formatos que tenga a disposición. Usted le ayuda a difundir su mensaje, sin compromisos. Posteriormente, le demuestra que hizo lo ofrecido enviándole copia de cualquier comunicación que usted haya enviado alabando el trabajo y, así, comienza la relación entre ustedes.

Para aquellos que argumentarán y dirán: "Pero, Brendon, ¿y si no hace nada por mí después de yo apoyarlo?". Les respondo: "¿Y qué?". Usted ofreció algunos buenos materiales a su público. Si no hay más resultados, de todas maneras su público apreciará esa información.

Pero esto es más probable: el gurú queda agradecido y le pregunta más sobre lo que usted hace… y comienza el verdadero dialogo. Tal vez un día se conozcan en una conferencia. En algún momento —lo siento, no hay ninguna regla sobre cuándo llega el momento— usted sugiere promoverse mutuamente como "afiliados". ¿Qué es un afiliado? Sencillamente quiere decir que ustedes se promueven mutuamente, hacen seguimiento de resultados y comparten los ingresos creados por sus promociones. Significa que son socios promocionales que producen ingresos juntos.

Podría escribir todo un libro sobre el mercadeo afiliado pero, en su lugar, les diré lo esencial por medio de otro ejemplo de correspondencia. Cuando llega el momento apropiado en la relación, preferiblemente después de que se hayan conocido en persona, usted dice algo así:

> Asunto: Volver a promoverlo
> Hola [nombre]:
> Le tengo una idea. ¿Recuerda cuando promoví sus productos entre mi público? Creo que les gustó mucho. Apuesto a que tenemos mucho en común y podríamos compartir provechosamente nuestras ideas y productos.
> Mi idea: tengo un excelente [video, seminario web, informe, etc.] gratuito que podría enviar a sus seguidores. En el pasado cobré $xxx por él, así que quedarán muy contentos. Puedo enviarle un correo electrónico de ejemplo con el vínculo para que se lo envíe a sus seguidores. Cuando ellos usen el enlace, llegarán a una página en la que tienen que poner su nombre y correo electrónico para acceder a los materiales y entrenamiento gratuitos. Tan pronto pongan sus datos, tendrán acceso. Unos días después les enviaré un correo diciéndoles: "Oye, si te gustó ese xxx gratuito, te encantará mi nuevo [producto o programa]". Si compran mi nuevo producto —sabré que son remitidos por usted porque serán rastreados al vínculo único que usted envió— le daré la mitad de los ingresos. Así, usted le estará dando un excelente producto gratuito a los de su lista y ganará dinero por ello. Si le interesa, le mandaré el correo y el enlace para que se los envíe a sus seguidores. Solo tendrá que personalizar el correo y enviarlo.
> ¿Qué le parece? Y, muy importante, quiero hacer esto por usted también así que dígame qué producto suyo querría que promoviera. Sé que a mi público le gustan sus productos.
> Firma:
> Mensajero Millonario

Este sistema funciona muy bien porque se fundamenta en la reciprocidad (Yo te promuevo; ¿te gustaría promoverme?), algo valioso para los clientes (recibirán productos gratuitos), simplicidad (tan solo enviar un correo) y compensación (ambos hacemos dinero).

Nada de esto es complicado y usted seguramente lo ha visto docenas de veces. Algunas cosas que debe saber sobre este sistema: primero, solo funcionará si usted ha creado una verdadera relación con su posible socio promocional. Segundo, solo funciona si usted verdaderamente da algo valioso a los clientes en sus materiales gratuitos. Tercero, usted debe informar a su público que está afiliado con esa persona u organización y recibirá una remuneración si ellos compran algo al seguir esos enlaces. Cuarto, es fácil comenzar utilizando las utilidades de rastreo de afiliación y carrito de compras de cualquier proveedor como 1shoppingcart, Office Autopilot o Infusionsoft. Un dato importante es que yo no soy afiliado ni representante de ninguna de esas compañías y no los estoy patrocinando. Simplemente estoy haciendo referencia a las tecnologías que la mayoría de los gurús usan.

En Experts Academy tratamos de entender todos los detalles y las tecnologías necesarias para hacer esto, pero la ventaja acá debe ser obvia: ofrézcale a alguien una forma fácil y lucrativa de promoverlo.

Una vez tenga algunos socios promocionales ellos serán multiplicadores de su negocio. Más personas lo descubrirán, más personas se suscribirán a su lista y más personas comenzarán a contactarlo con sus propias ideas para sociedades promocionales.

Sin embargo, las sociedades promocionales no están restringidas a otros gurús. En mi famoso Seminario de Sociedades le he enseñado a miles de expertos y empresarios la forma de asociarse con patrocinadores de *Fortune 500* y organizaciones sin fines de lucro. Ese evento es el único seminario de entrenamiento en el mundo que enseña eso. La idea básica es asociarse con compañías o empresas sin fines de lucro para crear materiales y promociones únicas para sus públicos, basadas en su marca e información práctica. A cambio, las compañías frecuentemente le pagan, promueven su mensaje entre millones de personas y le ofrecen perspectivas y recursos inestimables (personal, tecnología, etc.) para hacerlo realidad. Para conocer más sobre el tema de los patrocinios empresariales y las sociedades promocionales, visite www.PartnershipSeminar.com.

Todo el mundo necesita socios promocionales. Si usted está de acuerdo con eso, debe comenzar a buscar cuidadosa y estratégicamente socios potenciales que le ayuden a difundir su mensaje y ampliar su marca y negocio.

Mis socios promocionales me han ayudado a llegar a *millones* de personas en el mundo entero y a hacer *millones* de dólares al mismo tiempo. Me ayudaron a dar valor a personas a las que nunca habría llegado y me permitieron convertirme —de forma ética y colaborativa— en un Mensajero Millonario. Le deseo eso mismo.

Señalizadores para expertos:

1. Los posibles socios promocionales a los que quiero contactar son...

2. El producto o servicio valioso que les puedo dar es...

3. La próxima campaña que lanzaré y quiero que ellos apoyen es...

4. Los pasos que realizaré ya mismo son...

El último mandato

El éxito en la industria de expertos se reduce a posicionarse inteligentemente, empacar la información muy bien, promover su marca de forma estratégica y asociarse sistemáticamente para hacer que el mensaje llegue más lejos.

El cimiento de todos estos mandatos —posicionamiento, empaque, promoción y asociación— es un mandato de fundamental importancia, aunque sea poco famoso. Lo llamo el Mandato Fundamental del Mensajero: servir con un propósito. La verdad es que cualquiera puede salir al mundo y mentir sobre quién es o lo que sabe. No exige demasiado esfuerzo juntar algunos datos, presentarse correctamente con una dosis de mercadeo y algunos falsos avales de terceros. Construir un imperio de experto sobre falsedades puede ser fácil y muchos han desprestigiado a la industria haciendo eso exactamente. Pero hay un problema: actuar de mala fe no es *bueno*, ni para usted ni para nuestra comunidad. Más importante aún, no es bueno para los clientes.

Yo francamente creo que el motivo por el que he llegado tan lejos en tan poco tiempo es que creo en servir con un propósito y permanentemente lo hago parte de mi mensaje y mi trabajo. Otros son más inteligentes que yo, mejores vendedores que yo, más divertidos que yo, y más guapos que yo. Pero con frecuencia los supero, porque a mí me preocupan real y apasionadamente mis clientes y sus resultados. Nunca pierdo de vista la razón por la que hago lo que hago: para mejorar la vida de las personas. Estoy mental, emocional, espiritual y financieramente impulsado por un propósito más alto, y eso es una diferencia esencial.

Le cuento todo esto para mostrarle que hacer el bien y ganar dinero son dos cosas que pueden lograrse a la vez. La tradicional idea de que usted debe escoger entre tener un impacto positivo en la vida de los demás y ganar una fortuna para sí mismo ha pasado a la historia en esta nueva economía impulsada por propósitos y ganancias. Vivimos en un maravilloso nuevo mundo de consumidores socialmente conscientes a quienes les preocupa a quién le compran o cómo se desarrollan sus vidas. Cuando usted les ofrece algo de valor y está motivado por el deseo de servir con un buen propósito, ellos lo sienten y su negocio crece.

Señalizadores para expertos:

1. Si hago mi trabajo con un buen propósito, eso haría que...

2. Las personas que he visto que no sirven a sus clientes han sido...

3. Aquellos que brinda sus servicios con un buen propósito y hacen una gran labor me han enseñado que...

4. Permaneceré comprometido y concentrado en el servicio a través de este negocio haciendo lo siguiente:

Capítulo nueve

EL PROGRAMA DEL MENSAJERO
(O el gran reajuste de la industria)

La industria de los expertos está experimentando un gran cambio. Las nuevas tecnologías y estrategias de mercadeo están permitiendo tanto a las leyendas como a los nuevos gurús ampliar la difusión de su mensaje más rápidamente de lo que nunca imaginamos posible.

Los clientes están exigiendo mayor valor, más información gratuita y mayores niveles de acceso a los expertos e interacción con ellos a través de las redes sociales. Las antiguas formas de ganar dinero en esta industria —desde depender únicamente de la venta de libros o realizar seminarios de promoción de miles de productos— están muertas o agonizantes. En un mundo de fama instantánea y transmisiones universales con tan solo presionar un botón, hay más competencia por la atención del público y los negocios. Crear una base de admiradores es, a la vez, más fácil —debido a las redes sociales— y más difícil, porque ahora todo el mundo tiene admiradores. Las grandes figuras que lideraron la comunidad de expertos durante décadas están dando paso a una nueva generación de gurús.

Todo esto tiene consecuencias positivas y negativas. Pero, una cosa es rotundamente positiva: *La información es la reina y los nuevos reyes de la economía serán los creadores de información*. El mundo espera de nosotros nuevas ideas e información práctica que pueda mejorar sus vidas y ampliar sus negocios. Es una época increíblemente interesante, lucrativa y significativa para cualquier escritor, orador, líder de seminarios, entrenador de vida, consultor o vendedor en línea. En mis eventos en Experts Academy esta energía se siente de forma palpable.

Pero, bajo todas estas oportunidades y energía, también se está dando un gran "reajuste" de la industria debido, en parte, a la tecnología y, en parte, a que la vieja guardia está envejeciendo y retirándose. No obstante, la principal razón para el gran cambio proviene del hecho de que unos pocos líderes de la comunidad de expertos están finalmente pensando en ella como una *industria*. Por primera vez en la historia, las personas que dan asesoría e información práctica al mundo y obtienen ganancias de ello están pensando en lo que hacen como una *carrera* en una *industria real*.

Parece ser que últimamente recibo halagos y burlas por liderar este cambio. Tal vez merezco ambas cosas. Algunos han dicho que estoy haciendo un gran trabajo al liderar el cambio; otros han cuestionado mi "derecho" a hacerlo. Algunos han vitoreado mi transparencia en relación con el funcionamiento de la industria; otros dicen que hablo demasiado sobre las prácticas de negocios específicas de algunos gurús. Algunos dicen que fui atrevido y audaz al crear la nueva Asociación de la Industria de Expertos; otros creen que ya era hora de que naciera.

Que conste que creo que todos tienen razón. Para darle el trasfondo y compartir con usted la perspectiva del reajuste de la industria y el papel que juego en ella, miremos específicamente seis formas en que la industria está cambiando y por qué. Los tres primeros cambios tienen que ver con la forma en que nuestra comunidad interactúa internamente. Los tres últimos cambios tienen que ver con cómo nuestra industria trata con nuestros clientes.

Una revolución interna

El cambio interior de nuestra comunidad ha sido, para muchos novatos, sutil. Pero los resultados se están acumulando como un maremoto y continuamente cambian la esencia de cómo hacemos negocios y ayudamos a nuestros clientes. Tres cosas motivan este cambio:

Reajuste # 1: De aislarse a compartir

Cuando yo era asesor de desempeño y desarrollo organizacional en Accenture, la compañía de consultores más grande del mundo, aprendí una invaluable lección que me ayuda a mí y a otros a explicar y liderar el cambio en la comunidad de expertos. Durante el tiempo que trabajé allí, fui testigo de los abrumadores esfuerzos de cambio organizacional en muchos de las principales tiendas del mundo, como JCPenney, eBay, BestBuy, Nordstrom, Levi's y Walgreens. Muchos de esos esfuerzos tuvieron éxito, otros fracasaron, en dependencia de la calidad del trabajo de los equipos de las organizaciones y de si difundían la información y mejores tácticas entre otros negocios de su misma industria.

Desde entonces, me he convencido de que usted puede tomar cualquier negocio o industria del mundo que no fomente adecuadamente la colaboración o que no difunda sus mejores tácticas y aumentar sus ingresos diez veces, en dieciochomeses o menos, sencillamente ayudándole a hacerlo.

Teniendo esa convicción, decir que casi me desplomo cuando ingresé a la industria de expertos no logra expresar lo que me sucedió. Para mi horror, casi nadie en la comunidad explicaba sus mejores tácticas para difundir su mensaje o expandir sus negocios. La industria estaba totalmente desconectada y casi nadie sabía lo que sucedía en los negocios y grupos de consumidores. Esto me era difícil de entender, así que comencé a preguntarles a muchos de los principales expertos del mundo *por qué* sucedía eso. Fueron muy francos y generosos en mis entrevistas. Comenzaron a emerger tres temas que podrían explicar el por qué la industria había estado "en la oscuridad" y desconectada de sí misma.

Primero, tenemos que entender que la comunidad de expertos está conformada por empresarios que trabajan, en su mayoría, desde sus hogares y solos. Sin empleados, colegas, administradores y ningún contacto regular con sus colegas, es fácil entender por qué no se sienten parte de una comunidad. Son realmente empresarios solitarios.

Como empleado de una empresa tradicional de Estados Unidos, usted trabaja rodeado de sus colegas todos los días de ocho a cinco. Usted los ve en sus escritorios, en reuniones, en la cafetería y en los congresos anuales. Estando rodeado por tantas personas, es fácil considerarse parte de algo más grande. Y, cuando usted está rodeado de personas en el trabajo, usted tiende a comentar naturalmente lo que da resultados y lo que no.

Pero los expertos no tienen esa experiencia. Habitualmente trabajan solos en la creación de materiales, como los artistas. Aunque sus vidas pueden parecer públicas cuando transmiten su información en libros, escenarios o en la web, su vida cotidiana es todo lo contrario. Sus vidas son muy privadas, incluso aisladas. De hecho, cuanto más populares son, más barreras se levantan a su alrededor para proteger su intimidad. Peor, sin una conexión o comunicación regular con sus colegas, los expertos terminan volviendo a inventar la rueda una y otra vez. Nadie sabe lo que da resultados. Nadie sabe lo que es ineficaz. Todos están a la deriva, intentando descubrir cómo difundir su mensaje a las masas.

Todo eso produce una industria que no "se ve" a sí misma. Nuestros miembros no se consideran conectados o como parte de un todo, a pesar del hecho de que todos hacemos fundamentalmente lo mismo: vender nuestros consejos, conocimientos e información práctica a individuos y organizaciones. Es por eso que, como uno de los primeros que afirmó públicamente que somos una verdadera industria, me he convertido en una especie de embajador de la comunidad de expertos.

Para ser justo... es cierto que existen organizaciones en esta industria que han intentado reunir a la gente. El problema es que estas organizaciones también ven a la industria como un conjunto de puntos aislados. Hay conferencias sobre escritura y asociaciones literarias para escritores, asociaciones de oratoria para oradores, asociaciones de entrenamiento para entrenadores, etc.

El problema de subdividir la industria de esa forma es que los expertos rara vez aprenden las múltiples habilidades que necesitan para tener múltiples fuentes de ingresos. Si usted es escritor y no sabe nada de oratoria, seminarios, entrenamiento, consultorías o ventas en línea, está limitando su mensaje y dejando pasar millones de dólares. Un orador que no entiende el mercadeo en línea, está condenado a una carrera de nómada, lejos de su familia. Un entrenador de vida que no sabe cómo monetizar sus conocimientos por medio de un libro... sufre, y así sucesivamente.

Fue por eso que decidí fundar Experts Academy. Quería difundir las mejores tácticas de la industria entre los diferentes sectores aislados de escritores, oradores, líderes de seminarios, entrenadores, consultores y vendedores de información en línea. Lo he hecho con éxito durante años, pero resolví llevarlo a otro nivel con la creación de la Asociación de la Industria de Expertos. En lugar de realizar un seminario único, quise reunir a toda la comunidad anualmente. También quería crear algo que no fuera personal. La empresa Experts Academy es mía, pero la Asociación de la Industria de Expertos es *nuestra*. Es una organización que no está centrada en mí, aunque yo sea uno de sus fundadores, sino en todos nosotros. Nos vamos a reunir cada año, compartir nuestras mejores tácticas, fomentar relaciones, establecer estándares, honrar a nuestros héroes y darle a las nuevas generaciones las herramientas necesarias para tener éxito.

Probablemente recibiré muchas críticas por tener la audacia de fundar una asociación, pero creo que es hora de que nos reunamos. Casi todas las industrias del universo se conectan para establecer estándares y crecer. ¿Por qué nosotros no?

La segunda razón por la que hemos sido una industria tan desconectada e individualista es que muchos expertos les temen a los otros. Es irónico que una industria que se enorgullece de ayudar a las personas a superar sus miedos tenga tanto miedo de que alguien "le robe la idea". En ese sentido, considero que esta es una de las comunidades más temerosas del mundo, aparte de la de los inventores, otro grupo que nunca maduró lo suficiente para llegar a considerarse una industria.

La desgracia de esta situación es que muchos expertos mantienen su información y negocios escondidos bajo la falda de manera que nadie aprende nada de los demás. Todos se la pasan reinventando la rueda o lanzando cosas a la pared para ver si se quedan pegadas. Aparte de unos pocos grupos élite, casi siempre inaccesibles y escandalosamente costosos, los expertos rara vez comentan sus mejores ideas sobre "el negocio" entre ellos. Temen irracionalmente que alguien les robe sus proyectos de entrenamiento o estrategias de mercadeo. Aunque cualquier persona puede entender el deseo de proteger las ideas, el nivel de miedo en nuestra comunidad nos hace daño —nos ha hecho daño durante décadas y seguirá haciéndolo a menos que cambiemos. Si no comenzamos a difundir abiertamente lo que sabemos, como grupo de expertos, ¿cómo progresará nuestra industria?

Mi convicción personal sobre la difusión de la información nace de esta metáfora: si usted nunca suelta al bebé, él nunca podrá salir al mundo y crecer. Considero que cualquiera de mis ideas solo puede crecer y mejorar si la expongo al mundo. Aunque la cantidad de entrenamientos que publico es abrumadora, he descubierto que son más las personas que los usan y compran que las que los roban descaradamente. Además, con las facilidades de búsqueda y las redes sociales disponibles hoy día, muy pronto me enteraría o encontraría a cualquiera que usara ilegalmente mis contenidos. La principal razón por la que no temo a los ladrones y publico abiertamente todo es que sé que soy un creador. Sé que mañana puedo crear nueva información, incluso si alguien me robara todas las ideas y proyectos hoy. Los expertos son estudiosos y creadores, y siempre podemos crear más información útil. Vayamos más allá. No es solo la preocupación de que nos roben la información. También tememos que nos roben nuestra estrategia de mercadeo. Pero, ¿qué importa? Los robos y copias nunca triunfan. Llegó el momento de que admitamos que difundir nuestros modelos de negocios e ideas de mercadeo ayudará a que a todos nos vaya mejor en el mercado. Y cuanto mejor nos vaya a todos, mejor será la imagen que otros tienen de nuestra comunidad. Yo personalmente deseo que otros establezcan buenas tácticas de manera que la reputación de nuestra comunidad crezca. Suena lógico, ¿no?

Tercero, la industria está desconectada y aún en su infancia porque muchos de la vieja guardia no miraron fuera de sí mismos hacia el futuro de la industria. Esta es mi observación más controversial, y sé que seguiré siendo acusado de muchas cosas por hacer esta afirmación. Pero los hechos son los hechos: los gurús no se han ocupado de preparar nuevos gurús.

Esto es evidente en muchas cosas. Decenas de miles de personas han fracasado al intentar formar parte de esta industria debido a que no existe una sabiduría colectiva, compartida abiertamente, sobre los requisitos para triunfar... No hay un mapa. Si usted quiere montar un negocio de bienes raíces, encontrará *cientos* de libros que le dirán cómo hacerlo. Pero, ¿cuántos libros como este ha encontrado usted? ¿Por qué es este uno de los únicos libros que tratan el negocio de los expertos como una verdadera carrera y una verdadera industria con tácticas eficaces que cualquiera puede seguir para formar parte de ella? La ausencia de información general y entrenamiento sobre nuestra industria habla por sí misma. Y lo que dice no es positivo.

La evidencia más clara de que los gurús no preparan a sus sucesores es lo que denomino "la banca desierta". En todas las compañías de *Fortune 500* del mundo, se habla permanentemente del plan de sucesión, un plan para que surjan nuevos líderes cuando los actuales dejen sus trabajos o se jubilen. Existen planes para preparar a la siguiente generación de líderes —planes de desarrollo de talentos y habilidades, programas de mentores, etc. A los gerentes y ejecutivos de las corporaciones se les pide constantemente que cuenten cómo llegaron a donde están. Lo mismo sucede en los deportes: los grandes jugadores están en el escenario pero, en la banca, están los sucesores preparándose y esperando su momento.

Pero, ¿dónde está la banca de la comunidad de expertos? Piénselo: ¿Quién sucederá a Tony Robbins en el área de desarrollo personal? ¿Quién será el siguiente Wayne Dyer? ¿Qué sucederá cuando Oprah se retire? ¿Quién sigue en la línea de la espiritualidad a Deepak Chopra y Marianne Williamson; a David Bach, David Ramsey, Robert Kiyosaki y Suze Orman en finanzas personales; a John Gray y John Gottman en relaciones; a Gary Hamel y Clayton Christensen en innovación; a Seth Godin y Jay Conrad Levinson en mercadeo; a Rick Warren y Joel Osteen en religión; a John Maxwell y Warren Bennis en liderazgo; a Brian Tracy y Jeffrey Gitomer en ventas; a Andrew Weil y Mehmet Oz en salud; a Dean Graziosi y Donald Trump en bienes raíces? Obviamente, estos son tan solo unos pocos de los grandes líderes en unas áreas que cito como ejemplo. Le apuesto que usted no puede nombrarme a un puñado de personas en cada una de esas áreas... y es hora de preguntarnos: *¿por qué?*

Esta pregunta me llevó a preguntarle a muchas de las personas que acabo de mencionar cómo habían construido sus negocios, para poder ofrecer esa información a futuros expertos. De hecho, muchos de los que mencioné han dado conferencias en la Experts Academy y han revelado exactamente cómo lo lograron, entre ellos Tony Robbins, David Bach y John Gray. Lo que es fascinante en los casos de Tony, David y John es que cada uno de ellos quedó horrorizado la primera vez que les pedí que revelaran la forma en que habían construido sus imperios multimillonarios. Todos tuvieron que crear una presentación totalmente nueva, una que nunca habían hecho a pesar de llevar más de dos décadas entrenando a tantas personas. Resulta que nadie les había pedido antes que hablaran específicamente sobre cómo habían construido sus negocios de expertos.

Lo más extraordinario de todo es que la mayoría de los gurús no creen que las personas estén interesadas en aprender a ponerse en sus zapatos. Personalmente, creo que Tony jamás supo hasta hace muy poco cuántas personas deseaban hacer una carrera de estas. El presentador de una sesión que yo lideraría en el famoso seminario de Tony "Desata tu poder ilimitado", le preguntó al público algo así: "¿Cuántos de ustedes desearían tener una carrera como la de Tony y ayudar a la gente con sus consejos y motivación?". Casi todo el público levantó la mano. Había más de 2.000 personas allí. Hasta cierto punto, todos los que nos siguen y aprenden de nosotros ven algo de nosotros en su interior.

Otro problema es que muchos expertos creen que somos tan únicos que nadie puede hacer lo que nosotros hacemos. Eso, desde luego, *es verdad*. Nadie en el universo es como Tony Robbins... o como usted, o como yo. Pero, recuerde, Tony comenzó su negocio como un "jovencito" que lavaba sus platos en la tina porque su diminuto apartamento ni siquiera tenía un fregadero. No tenía certificados o educación formal que le permitieran hacer lo que hace. Como suele decir Tony, no tenía una educación formal pero sí "un doctorado en resultados".

Obviamente, nadie puede ser Tony Robbins. Él es una leyenda y gira en su propia órbita. Lo admiro profundamente, lo considero mi amigo y mentor, y estoy convencido de que es irremplazable. Es la persona más inspiradora y admirable que he conocido en toda mi vida. Pero lo que él ha aprendido sobre el negocio puede enseñarse, duplicarse y mejorarse. Comenzar y mantener un negocio es una práctica repetible, y más novatos podrían mantener sus negocios si más leyendas transmitieran las lecciones que han aprendido. Alabo a Tony y todas las leyendas que han compartido sus conocimientos en Experts Academy. Necesitamos más personas que hagan eso en toda la industria y por diversos medios para poder llenar la banca.

Yo estoy haciendo mi parte lo mejor que puedo. Envío videos gratuitos regularmente a mi lista de suscriptores; los refiero a otros expertos que hacen grandes cosas; presido Experts Academy y la Asociación de la Industria de Expertos. Además, más de 100 pupilos forman parte de mi Grupo Creativo del Imperio y reciben de mí entrenamiento para difundir su mensaje a gran escala.

Otras industrias sí entienden este concepto. Todo el mundo sabe que Warren Buffett, Steve Jobs o Bill Gates son irremplazables. Pero todos ellos se esfuerzan en entrenar a la siguiente generación para que asuman sus lugares. Nosotros tenemos que hacer lo mismo.

Creo que podemos aprender mucho del mundo corporativo y de la comunidad hip-hop. Sí, hip-hop, esa comunidad hace un gran trabajo honrando a sus leyendas. Cuando usted oye a Jay-Z hablar sobre rap, es como asistir a una lección de historia. Pero, a pesar de que él y otros líderes honran a sus pioneros, también desdeñan a los imitadores y constantemente buscan y alaban a los nuevos talentos. Es sorprendente. En una entrevista, le preguntaron a Jay-Z sobre la nueva cosecha de raperos e inmediatamente nombró diez o más jóvenes prometedores. Eso sería muy raro en nuestra industria.

Sé que esta fue una forma indirecta y extensa de decir: "Necesitamos unirnos, compartir lo que hemos aprendido y entrenar a una nueva generación de líderes". Pero, debido a la atención que atraigo por ser el fundador de Experts Academy y la Asociación de la Industria de Expertos, tenía que aprovechar la oportunidad para contar la historia y explicar las razones. Seré más breve sobre los demás reajustes.

Reajuste # 2: Un renovado énfasis en la innovación y la originalidad

El mundo de los expertos está lleno de copiones que están a punto de ser desplazados y barridos por una nueva generación de creadores de información.

Las tres últimas décadas han sido muy buenas para nuestra industria y un montón de futuros expertos crecieron tratando de imitar a las leyendas. Esto ha creado una comunidad que se roba sus propias historias, cita las mismas frases, es incapaz de crear nueva información y se duerme sobre los laureles de las leyendas. Pocos están reinventando el juego. Eso tiene que cambiar.

Como ejemplo de este problema, para mí no hay nada más triste que los oradores que aún utilizan el acrónimo F.E.A.R. (*False Evidence Appearing Real* = Miedo). Es un acrónimo común para discutir el miedo: Evidencia Falsa que Parece Real. Se ha utilizado durante más de 30 años y seguimos oyéndolo. Es triste.

Otro ejemplo: los entrenadores que usan la historia de la estrella de mar. Es una excelente historia, pero está gastada por el uso. Si usted no la ha oído, se la resumo: Un niño lanza una estrella de mar de regreso al océano. Un anciano le pregunta por qué se toma la molestia habiendo tantas estrellas en la playa. "Lo que has hecho no tiene ningún efecto real", afirma. El niño lanza otra estrella al océano y responde: "Tiene un gran efecto para ella". La historia ha sido atribuida a Loren Eiseley.

Otro ejemplo: la historia de la catedral. Un hombre le pregunta a los trabajadores qué están haciendo y uno le responde: "Yo rompo rocas, me gano la vida". Otro dice: "Estamos construyendo una catedral".

Guácala. Esto no es una crítica a las historias: son excelentes. Es una demoledora denuncia de los copiones poco imaginativos que no aprecian su arte y carrera lo suficiente para crear y difundir nuevas historias, metáforas y ejemplos. Nuestra industria ha sido acusada de ser repetitiva, poco imaginativa y "suave" sencillamente porque no estamos innovando y creando suficientes ideas nuevas. Creo hablar por todos los líderes de nuestra comunidad cuando digo: ¡qué vergüenza!

Además de reciclar viejas historias, muchos no han sido capaces de crear nuevo producto en mucho tiempo. No debemos convertirnos jamás en una industria como la de camisetas o calcetines. Queremos ser Apple, lanzando ideas y productos nuevos, relevantes e innovadores que hagan avanzar nuestra industria. Aunque algunos argumentan razonablemente que Apple lanza demasiadas novedades vistosas —no sé cuántas versiones del iPod tengo ya— el concepto sigue siendo válido. No podemos depender de productos y programas que se vendieron bien hace cinco años.

Recuerdo estar sentado en San Diego con una de las principales entrenadoras de la industria tras su regreso de un seminario al que había asistido por primera vez 20 años antes. Su enojo me inspiró a escribir sobre este reajuste en particular. Me dijo:

"Brendon, ¡ese seminario no ha cambiado en 20 años! La persona encargada de ese evento, ¿no ha crecido o aprendido nada nuevo en dos décadas? Lo peor es que nadie lo ha obligado a cambiar, porque lo siguen como ciegos y temen decirle: '¡Evolucione!'".

Muy, muy pocos productos o programas aguantan el paso del tiempo. Y aun si lo lograran, el creador de tal programa tiene una obligación con su público de entregarle nuevos productos e información. No sería un buen servicio sacar un gran éxito de ventas y ya. Los clientes desean y merecen dominar cada tema y eso no se logra con un solo programa.

Me critican muchísimo por estas afirmaciones. Muchos objetan esta idea señalando que muchos libros son eternos, entre ellos los del género de autoayuda. Afirman que los conceptos sobre crecimiento personal son, en cierta forma, siempre relevantes. Estoy de acuerdo. Libros como *Piense y hágase rico*, *Cómo ganar amigos e influir sobre las personas*, *El alquimista* y miles más son formidables y siempre lo serán (aunque muchos de ellos han sido revisados).

Pero mi argumento no es que debamos desechar lo viejo. Más bien, que no tenemos que seguir machacándolo. Debemos exigirnos a nosotros mismos seguir produciendo continuamente nuevas ideas, historias y perspectivas diferentes, e información innovadora en nuevos productos y programas.

Eso puede ser un trabajo difícil, lo sé, y algunas veces no es fácil encontrar novedades. También es muy común que los nuevos expertos retornen a cosas ya antiguas sin siquiera saberlo. Como dicen, no hay nada nuevo bajo el sol, y nada nuevo se ha dicho de Adán. Tenemos que aceptar el hecho de que mucho ya ha sido dicho en esta industria, que lo que enseñamos puede haberse enseñado ya de alguna forma. Si alguna vez le llaman la atención por eso, puede disculparse ("Uy, gracias, no sabía que alguien ya lo había dicho") o tratar el tema y explicar en qué se diferencia usted ("Sí, he oído que alguien ha enseñado esto; pero mi perspectiva es diferente en…").

Esta situación me tocó de cerca cuando comencé. Como recordará, el accidente de tránsito me llevó a pensar sobre la vida y preguntarme: "¿Viví plenamente? ¿Amé abiertamente? ¿Tuvo alguna importancia mi vida?". Llevaba tres o cuatro años explicando esas preguntas cuando un día, después de una conferencia, un mentor me informó que Norman Cousins se había cuestionado lo mismo unas décadas antes. Cousins —a quien he llegado a admirar tremendamente pero a quien desconocía en aquel momento— descubrió que la gente sí se hace esas preguntas cuando evalúan sus vidas. Cousins escribió:

> La gran tragedia no es la muerte, es lo que dejamos morir en nuestro interior mientras estamos vivos. Cuando usted está en su lecho de muerte, no piensa en cuánto dinero tiene y qué tanto ha logrado. Las preguntas que se hace la gente en el lecho de muerte son: 1. ¿Viví sabiamente? 2. ¿Amé bien? 3. ¿Serví todo lo que pude?

Usted pensará que quedé horrorizado al descubrir este parecido. Por el contrario, la lectura del pasaje de Cousins se convirtió en uno de los momentos más valiosos de mi vida. Estaba feliz de descubrir que yo no era el único que creía esas cosas; me hizo sentir conectado con los valores y experiencias universales del ser humano. Me confirmó que lo que yo consideraba cierto también lo era para otros.

Así las cosas, tuve que comenzar a explicar la perspectiva de mi trabajo para evitar futuros problemas. Hace poco encontré la transcripción de una charla en la que tocaba esto, en el año 1999, mucho antes de volverme conocido por mis tres preguntas con el lanzamiento del libro *El ticket de la vida* en 2007. Aunque es un pasaje algo largo, pensé que incluirlo acá podría servirle para ver cómo se puede tratar abierta y honestamente cualquier similitud de su mensaje de vida con el trabajo de otra persona. La verdad es que todos tenemos experiencias humanas en común y frecuentemente coincidiremos al describir el mensaje esencial de nuestra vida. Pero, incluso si todo ha sido dicho, nuestra experiencia de aprendizaje de nuestras propias lecciones, obtener nuestros propios resultados y aportar algo de valor para los demás *es* siempre algo nuevo. Espero que esta transcripción se lo recuerde:

Del archivo:

Como he estado diciendo desde mi accidente, que fue el momento más importante y aterrador de mi vida, entonces descubrí muchísimo sobre mí mismo y sobre el mundo. Mientras me recuperaba, no podía dejar de pensar en todo lo que había sucedido. Aún hoy día recuerdo los últimos segundos de esa curva, mi vida a punto de terminar, y la súbita comprensión de lo importante que era esa vida. Comprendí que nos preguntaremos si vivimos a fondo, si amamos abiertamente y si logramos un impacto positivo, porque en esa experiencia me pregunté si había sido lo suficientemente aventurero, suficientemente conectado, si había vivido para alguien o algo más allá de mí mismo. La triste verdad es que no me gustaron nada las respuestas. Yo era tan solo un joven muchacho desorientado que nada sabía hasta que me estrellé contra las mayores lecciones de la vida.

Desde entonces he trabajo como voluntario con enfermos terminales y he visto a muchas personas luchar con esas mismas preguntas al final: ¿Viví plenamente? ¿Amé abiertamente? ¿Tuvo alguna importancia mi vida? Creo que es bueno saber que esas son las preguntas que querremos responder al final, porque entonces podremos vivir nuestra vida de manera que quedemos satisfechos con las respuestas.

Estas preguntas no son un descubrimiento mío exclusivamente. El año pasado un amigo me mostró un pasaje de Norman Cousins que fue muy importante para mí. Fue sorprendente y reconfortante a la vez. Resulta ser que Cousins escribió mucho antes de mí que las personas en su lecho de muerte se preguntan: "¿Viví sabiamente? ¿Amé bien? ¿Serví todo lo que pude?". Era increíble que yo me hubiese estrellado contra lecciones que otros ya consideraban ciertas. De hecho, si usted conoce a alguien que trabaje con enfermos terminales, descubrirá que dicen lo mismo: "Sí, las personas reflexionan sobre su vida, y se preguntan si realmente vivieron, se preguntan a quién amaron, se preguntan qué impacto tuvieron". Es algo universal, así que no estoy reclamando crédito por ello, obviamente muchas generaciones descubrieron esto antes que Cousins, yo o cualquiera que haya escrito sobre ello. Yo tan solo espero relatar mi historia y explicar mi perspectiva personal.

Lo único que puede resultar excepcional de mis tres preguntas es la elección de palabras, supongo. Cousins se preguntó si vivimos "sabiamente", yo me pregunto si vivimos *"plenamente"*. Es una diferencia sutil pero importante para mí, al menos en cómo vivo *yo*. Quiero vivir con efervescencia y atravesar el planeta como un fuego artificial, tomar decisiones insensatas y vivir aventuras. Pero, ¿quién soy? Tan solo un muchacho, porque Cousins dijo "vivir sabiamente", y Buda utilizó la misma expresión cuando dijo: "Incluso la muerte no debe ser temida por aquel que ha vivido sabiamente". Cousins también habló de "amar bien", pero yo tal vez era demasiado joven cuando comprendí mis tres preguntas para entender el significado de eso. Para mí "abiertamente" era la palabra apropiada, porque había estado totalmente cerrado al amor desde que terminó la relación con la única mujer a la que había amado. Me parecía que cuando el amor no funciona, mucho de ello se debe a qué tan abiertos estamos realmente.

Creo que la selección de las últimas palabras también fue importante para mí en el momento, y dice mucho sobre lo que ahora intento hacer. Cousins habló de si "servimos todo lo que pudimos" que creo es una gran frase. Supongo que, cuando me estrellé contra la realidad, acabé pensando en esto de forma diferente. No pensé en servir todo lo posible aunque, como ya dije me gusta, porque nunca se me ocurrió que podría tener un "gran" impacto. Creo que muchas personas no creen que puedan cambiar millones de vidas o hacer "grandes" cosas que cambien el mundo. Algunos solo quieren tener un impacto en la vida de otra persona —y tal vez no lo consideran una gran cosa. Alguna vez oí decir que "no tenemos que cambiar el mundo; tan solo tenemos que cambiar el mundo *de alguien*". Así que solamente pregunto: ¿*¿Tuvo alguna importancia mi vida?* y no ¿*Hice algo grande*? Tal vez no sea muy importante, pero yo pregunto: ¿ *Tuvo alguna importancia mi vida*?

Desde luego, esto es solo semántica tonta pero fue muy importante para mí cuando descubrí que mi accidente y mi experiencia con los enfermos me llevaban a conclusiones similares a las que otros ya habían llegado. Me ayudó a entender que todos estamos en el mismo barco de la vida, descubriendo cosas similares. Espero que todos intentemos compartir esos descubrimientos aun si los expresamos de forma diferente o desde nuestra propia perspectiva. Resulta que vivir y amar y hacer el bien son valores universales que todos consideramos importantes, y espero que les ayude compartir conmigo un poco de esos valores.

La conclusión de esta sección es: sea diferente, distíngase. Comparta sus propias historias y cree sus propios contenidos. Eso es lo que aumenta nuestra reputación e ingresos en esta industria. Si, por cualquier motivo, su trabajo termina siendo similar al de otros —cosa que con seguridad sucederá— enfréntelo. Pero tenga claro que los *temas de enseñanza* pueden ser de similar naturaleza debido a nuestras emociones y experiencias humanas universales, pero nuestros *productos y programas de entrenamiento* deben ser únicos. Es lógico, ¿verdad?

Reajuste # 3: Mejor presentación de la marca

¿Alguna vez ha asistido a un seminario y recibido una carpeta ordinaria llena de "recursos" que parecen ser fotocopias de fotocopias de fotocopias? ¿Alguna vez ha recibido en el correo un patético libro que parece diseñado por un gorila? O, ¿alguna vez ha visitado el sitio web de un gurú que parece una tarjeta postal de 1995?

He hecho esta pregunta a públicos de todo el mundo y siempre se ríen al recordar su experiencia. Es divertido pero trágico.

Es vital que como comunidad comencemos a hacer que nuestros sitios web, productos y programas *se vean mejor*. Tal como lo hizo Apple con la computadora personal y los dispositivos móviles, debemos mejorar la estética y diseño de toda nuestra industria. Tenemos que ser conscientes del cambio experimentado por nuestra sociedad, el énfasis ha pasado de la función a la forma, de compras sosas a compras creativas, personalizadas y coloridas. Al mundo no le gusta la basura ni el exceso y nosotros, como grupo profesional, frecuentemente somos responsables de crear sitios web así.

Para ser francos, *nuestra industria necesita una cirugía estética*. Como observador, veo tres áreas que requieren una transformación inmediata. Primero, tenemos que renovar nuestros sitios web para que sean más modernos e interactivos, lo cual hoy en día significa blogs basados en videos y secciones de comentarios. También tenemos que hacer que nuestros sitios por suscripción justifiquen el tiempo y dinero que las personas invierten en ellos. La gente debe *disfrutar* y *sentirse orgullosa* de formar parte de nuestra comunidad en línea. ¿Cuándo fue la última vez que oyó a alguien decir que se sentía así?

Segundo, *tenemos* que comenzar a hacer que nuestros productos se vean "listos para la venta". Los programas de estudio en casa en DVD, audio, carpetas, hojas de trabajo y recursos enviados por correo, en general, son desastrosos. Créame, no soy un maniático del diseño y no soy partidario de gastar demasiado dinero en diseñadores gráficos. Entiendo que aun hay un núcleo de vendedores diciéndole a la gente: "hágalo rápido, hágalo barato y sáquelo ya". También sé que a muchos clientes no les importa cómo se ve nuestra información: quieren información y conocimientos, sin importar el empaque.

Todas las objeciones a hacer que nuestros productos se vean mejor tienen sentido en el mundo de los expertos aislados. Si logramos extender nuestra área de influencia hasta entender que somos una comunidad con verdaderas carreras en una verdadera industria, también entenderemos que nuestra comunidad tiene solo una reputación. Desafortunadamente, los productos mal presentados son como una onda en una charca, y afectan la imagen de todos. Si todos damos un paso adelante y hacemos que nuestros productos se vean bien, todos podremos disfrutar de los beneficios de tener una clientela más agradecida, satisfecha y feliz.

Finalmente, necesitamos desesperadamente una transformación en nuestra forma de hacer seminarios. Con excepción de unas cinco a diez marcas, la industria aún está ofreciendo seminarios, talleres y conferencias en hoteles baratos, mal iluminados, mal ventilados y con sillas incómodas. Peor aún, los promotores no están gastando nada en iluminación, sonido, imagen de marca y materiales. Es una vergüenza que jamás se daría en el mundo corporativo. Créame, sé que puede ser doloroso gastar un poco más en estas cosas: hago más de una docena de eventos en vivo al año y gasto millones para que funcionen bien. Y entiendo que los clientes quieren que los promotores consigan hoteles con tarifas bajas en lugares de fácil acceso. Pero no cuesta mucho más conseguir un buen hotel, colgar unas pancartas bien diseñadas, contratar buenos técnicos de audiovisuales y entregar materiales bien impresos y empastados. Tal vez estoy entrando en detalles que no se esperaría que trate en un libro como este, pero todos tenemos que aprender a poner atención al detalle. No importa si usted realiza un seminario gratuito o uno con alto costo de admisión, su trabajo es hacer que el ambiente de aprendizaje se vea bien y haga sentir bien a los participantes. Es un deber con nosotros mismos y con nuestros clientes.

Estos tres reajustes son importantes. Si pasamos de ser una industria estancada en sus propios refugios aislados a una comunidad de mejores hábitos y estándares, todos ganamos. Cuando ofrecemos información y programas creativos, innovadores y diferentes, elevamos el nivel de nuestro juego. Y cuando refrescamos nuestra imagen para que sea más limpia y contemporánea, curamos la mala reputación que nos hemos ganado.

Podemos hacerlo mejor. Ha llegado el momento de mirarnos como una sola industria con una sola reputación que todos podemos influenciar y mejorar. El cambio tiene que provenir del interior. La revolución y el reajuste ya están aquí. Únase a nosotros.

El reajuste externo

Los tres reajustes anteriores estaban enfocados en lo que debemos hacer al interior de la industria para mejorarla. Las siguientes tres son medidas que podemos tomar con nuestros clientes para continuar con el impulso.

Reajuste # 4: La transición de la comunicación de ventas a la comunicación de información.

En los últimos cinco años, algo curioso sucedió con la administración de las listas. Los gurús comenzaron a enviar cupones a las personas de sus listas, siguiendo el estilo del poco efectivo y mal planeado mercadeo electrónico de las empresas americanas. También tomaron la decisión de que enviarían boletines sólo con información *o* mensajes estrictamente de ventas. Fue algo extraño.

Mientras escribo estas páginas, nos encontramos atrapados en un momento en el cual muchos expertos están enviando demasiados correos exclusivamente de ventas. Ya no envían correos con información de valor, tan solo enlaces a páginas de ventas. Eso tiene que cambiar y cambiar ahora mismo.

El reajuste en la industria finalmente logrará el equilibrio entre ventas e información, combinándolos en lugar de imponer una mutua exclusión. Si usted es uno de mis suscriptores, sabe que casi *todos* los correos electrónicos que envío tienen información valiosa, incluso si estoy promoviendo los productos de otra persona u ofreciendo en venta los míos.

Por ejemplo, recientemente promoví un curso informal sobre los medios sociales que daría un amigo. Casi todos los que estaban promoviendo ese curso sencillamente enviaron un correo a sus suscriptores diciendo, en pocas palabras: "Este es un excelente curso. Presione aquí para comprarlo".

No ofrecían ninguna información y, por ello, sus correos eran lo que yo llamo "comunicaciones exclusivamente de ventas".

Yo me usé otra estrategia. Me senté y pensé en mis clientes y lo que me funciona bien de lo que estoy haciendo en las redes sociales. Luego me dirigí a mi estudio de video y grabé un video informativo explicando mi mejor estrategia en las redes sociales. Terminé el video diciendo algo así:

"Espero que esto le sirva en su negocio. Si desea recibir más entrenamiento sobre las redes sociales, yo realmente no soy el experto pero puede pulsar el enlace que aparece a continuación para informarse sobre el nuevo curso que ofrece mi amigo. Creo que le encantará. Si se inscribe a ese curso recibirá dos de los míos. Mis dos cursos complementan el de mi amigo, así que usted recibirá el doble de información por lo que pague."

¿Ve la diferencia? Yo ofrezco información haciendo lo que hacen los expertos: *enseñar*. Enseñé algo útil a mis suscriptores sin importar si iban a comparar o no el programa de mi amigo. Así nadie se molesta y nadie se decepciona. ¿Exige un mayor esfuerzo? Desde luego que sí. Pero hace que mis suscriptores me aprecien porque estoy cumpliendo con lo que les prometí: ofrecerles algo de valor para sus vidas. El resultado fue que fui el promotor más efectivo de ese curso y gané más de $200.000 en comisiones de afiliado. Las comisiones de afiliado significan que recibí un porcentaje de las ventas que hizo mi amigo por promoverlo claramente en mi video y en la página en la que estaba hospedado mi video.

Ese ejemplo demuestra que no tenemos que escoger entre ofrecer información o vender, y considero que es muy importante que la comunidad comience a trabajar así. La mayoría de los gurús exitosos, inclusos lo del mundo del mercadeo en línea, están ya señalando ese camino. Ahora todos demos seguir su ejemplo.

En el terreno de las ventas, también creo que sería útil que nuestra comunidad diera más importancia a la planificación estratégica de nuestras comunicaciones y calendarios de promoción. Sucede que la mayoría de expertos *no* tienen un calendario de promociones planeado. En su lugar, a fin de mes caen en cuenta y dicen: "Oh, más vale que envíe un boletín de noticias hoy mismo. Tengo que pensar en un tema para escribir o conseguir algo para vender". Esto es mal negocio y mala táctica.

He tenido la suerte de consultar esto con muchos de los mejores vendedores minoristas del mundo y tengo alguna idea sobre el tema. Recuerdo hablar con los administradores de marca de Nordstrom y BestBuy y quedar anonadado por la anticipación con que planean su calendario de promociones y lanzamiento de productos. Los minoristas saben lo que estarán haciendo no durante los próximos dos meses sino en las dos siguientes *estaciones* o *trimestres*. Necesitamos adquirir esa habilidad y ser más cuidadosos al planear cómo y cuándo daremos información y ofreceremos productos en venta.

Finalmente, como último tema en relación con las ventas, creo que toda nuestra comunidad se sentiría aliviada si nos informáramos unos a otros más pronto sobre nuestras próximas promociones. No puedo decirle cuántos correos recibo diciendo: "Mañana lanzamos nuestro nuevo X; ¡por favor ayúdame a promoverlo!". Démonos unos a otros varios meses de aviso sobre lo que haremos y expulsemos de una vez por todas de nuestra industria al monstruo del último minuto.

Ahora hablemos de la *información valiosa*. Lo que constituye información valiosa en el mundo del saber práctico ha evolucionado a lo largo de décadas. Un artículo en el boletín de noticias ya no es suficiente para mantener al público interesado y satisfecho. La mayoría de los clientes me dicen que para ellos valor es recibir *materiales* reales e ideas aplicables que les permitan actuar inmediatamente. Enviarle a la gente videos divertidos, artículos generales o publicaciones en el blog no es información valiosa, es distracción.

Para servir mejor a sus clientes, piense en cuáles son sus metas y envíeles enseñanzas útiles que les ayuden a ir del punto A al punto B. Deles una idea sencilla y aplicable pero, también, el panorama y proceso general. Pregúntese a sí mismo: "Si recibiera esta comunicación, ¿me parecería valiosa, personal y profesionalmente, y sería capaz de hacer algo nuevo e importante después de verla?".

Entiendo que todo esto exige trabajo. Pero, de todas maneras, es para lo que nacimos: para enseñar y ayudar al cliente.

Reajuste # 5: Alcanzar la excelencia en el servicio al cliente.

Todo lo que he mencionado hasta aquí servirá poco para mejorar la reputación de nuestra industria si no mejoramos nuestro servicio al cliente al mismo tiempo. El mal servicio se ha vuelto la norma y, debido a eso, menos clientes compran y muchos han comenzado a enviar mensajes hastiados, agresivos e irrespetuosos para obtener lo que quieren. Uno de mis amigos decía hace poco: "Demasiados de los nuevos clientes en nuestra industria actúan como perfectos escépticos y eso es culpa nuestra".

Desde el primer día me he concentrado en el servicio al cliente de manera casi obsesiva. Siempre nos hemos asegurado de responderles a las personas en el mismo día hábil en que recibimos una llamada o correo. Es frecuente que contestemos antes de una hora, excepto en periodos de promociones en los que podemos estar demasiado ocupados. En nuestros videos y páginas de compra, así como en los términos y condiciones de todo producto o programa que lanzamos, establecemos claramente nuestras normas relacioandas con los periodos de prueba, las devoluciones y el reembolso de dinero. Para ser totalmente transparente, una vez no lo fui y tuve problemas con una promoción por no ser suficientemente claro sobre las normas de devolución de dinero y tuvimos que lidiar con angustias y disgustos innecesarios. Con frecuencia en esta industria aprendemos sobre servicio al cliente a golpes. Pero, en general, yo diría que tenemos una fuerte y positiva reputación de buen servicio al cliente.

Lamentablemente, eso no es muy significativo hoy en día. Sí, oyó correctamente: tener una excelente reputación de servicio al cliente en esta industria no significa tanto como usted cree. Ahora, antes de que me empiecen a enviar correos criticándome por decir que una buena reputación no es importante, permítame explicar *por qué* lo digo. Hay dos realidades sobre el contexto general de hacer negocios como experto que pueden ser útiles acá.

Primero, *la mayoría* de las ventas de cualquier promoción hoy en día son hechas a compradores que nunca han oído hablar de usted, especialmente si usted está comenzando. Yo soy bastante conocido y, a pesar de ello, el 72 por ciento de los compradores de mi última promoción jamás habían oído mi nombre. Las personas que entran en su canal de ventas son, con frecuencia, personas nuevas en el medio que nunca lo han oído nombrar y desconocen su reputación. Debido a que la comunidad de expertos no participa en Yelp u otros sitios web dedicados a la evaluación del cliente (sí, esto también cambiará), no hay disponible mucha información sobre las personalidades, marcas y compañías de nuestra industria. Es extraño ya que otras industrias funcionan con basándose en los informes de la comunidad sobre sus productos.

Segundo, como la mayoría de las personas que le compran nunca han oído sobre usted, *dependen por defecto de sus prejuicios sobre la industria como un todo*. Eso *es horrible*. Digo esto porque, históricamente, los gurús han estado tan condicionados por sus egos o sus admiradores les han perdonado tanto que nunca pensaron en el servicio al cliente como práctica de sus negocios. Sucede lo mismo, y por los mismos motivos, con las estrellas del rock y los famosos.

Debido a este negativo historial de servicio al cliente, todos perdemos. Personalmente, estoy cansado de recibir clientes que llaman o escriben clientes hastiados, groseros, escépticos y agresivos en sus preguntas antes de comprar nada. Eso es absurdo porque mi marca de hecho tiene una de las mejores reputaciones en toda la comunidad de expertos. Entregamos lo que prometemos y más. Somos receptivos. Nos preocupa verdaderamente el éxito de nuestros clientes y solemos comunicar —casi excesivamente— nuestros términos y condiciones. A pesar de todo, presento aquí un correo electrónico que recibimos durante mi última promoción:

> "Oiga, creo que me gusta su producto y creo que voy a comprarlo pero necesito que me convenzan de que ustedes no son como los demás en esa industria que nos estafan y mienten sobre las garantías y devoluciones. Si no me gusta su [palabrota] quiero saber que puedo devolverla, de otra forma no la compraré. Así que díganme si son gente honorable o bandidos como todos los demás."

Ese correo es muy ilustrativo de los prejuicios de esta persona con relación a la comunidad de expertos. Usted debe entender que hoy día la *mayoría* de las personas se acercan a la industria de los gurús con este grado de alteración y desconfianza. Los "gurús" y expertos en todas las industrias se han ganado una mala reputación en los últimos años y eso es trágico. La culpa es de aquellos miembros de la comunidad que acabaron con la reputación de todos los demás.

Dicho eso, quiero hacer énfasis en que no creo que la mayoría de los expertos sean malos empresarios o que actúen sin integridad y con malicia. Estoy convencido de que casi todos en nuestra comunidad son personas decentes y comprometidas. Es sencillamente que los pocos malos manchan la imagen de todos nosotros. Y, aunque casi todos en la comunidad son buenos y cuidadosos, también son personas muy ocupadas y creativas que manejan su pequeño negocio desde el hogar. *Eso me lleva a concluir que es la distracción y falta de recursos lo que ha llevado a que nuestra industria tenga una reputación de mal servicio al cliente.*

La buena noticia es que esto puede corregirse fácil y rápidamente si todos decidimos dar un vuelco y reajustar nuestra brújula para concentrarnos en el cliente tanto *después* como antes de la compra. En términos financieros, todos debemos recordarnos a nosotros mismos que el valor de un cliente de por vida justifica hacer el esfuerzo para que se sienta satisfecho, bien cuidado y bien atendido.

Aparte de mi pequeño aporte a este reajuste practicando lo que predico, también nos hemos comprometido a garantizar que la Asociación de la Industria de Expertos reconozca y premie a las marcas reconocidas por su excelencia en el servicio al cliente.

Reajuste # 6: Cumpla más, espere más.

A finales de la década de 1980, hubo un cambio sutil pero claro en el tono de la comunidad de expertos. Y no fue para bien. Engullidos por el mantra de *Wall Street,* "la codicia es buena", y las alabanzas propias del periodo de los heroicos CEOs, nos desviamos del camino. Muchos gurús de autoayuda y expertos en todas las áreas dieron origen a dos malas prácticas.

Primero —y esto me molesta mucho— los expertos comenzaron a hablar y escribir en un tono condescendiente respecto a sus clientes. Ya no se oía el tono honrado de los expertos y escritores del pasado. En su lugar, teníamos el tono de "entrenador de reclutas", el experto que le habla duro a la cara y está más compenetrado con sus problemas y realidad que usted mismo. De hecho, a ese tipo de gurús les digo que sus vidas están totalmente desequilibradas. Viven como sonámbulos. No reconocen los estragos que causa su inconsciente en todo lo que hacen. Están acabando con sus relaciones y su trabajo, y descartando su futuro. Ah, y además son perezosos y estúpidos. Por eso nadie los quiere. ¡Listo! ¿Se me olvidó algo?

Aunque esto puede sonar exagerado, la realidad es que las personas decían estas cosas. ¡Y aún sucede! Tome un libro de autoayuda y parece escrito para perdedores que no tienen control sobre sus vidas. Los autores en ese ámbito comenzaron a escribir y hablar para el mínimo denominador común. Fue como si toda la industria empezara a sonar como la horrible frase que hizo famoso a Dr. Phil: "¿Qué estás pensando, [inserte "bobo" y dará con el tono]?".

Que conste: me gusta el trabajo de Dr. Phil, especialmente sus libros, y creo que ha ayudado a millones de personas. También considero que es obvio que él utiliza esa frase en broma, lo cual la hace aceptable (algunas veces), y que él se preocupa verdaderamente por sus clientes y audiencia.

Pero usted me entiende. Los expertos se volvieron muy condescendientes y comenzaron a escribir y entrenar como si estuvieran asesorando a niños o a los más desfasados y inadaptados entre nosotros.

Es hora de cambiar el tono. Es el momento de volver a hacerle los honores a nuestro público. Asumamos que las personas hacen lo mejor, no lo peor, que son capaces, que no ineptas, y que están bastante bien sintonizadas ya que recurrieron a nosotros en busca de ayuda. Personalmente no creo que las personas estén desfasadas o anden sonámbulas por la vida. Como la mayoría de nosotros, la gente es muy consciente de sus problemas y su realidad, y sencillamente buscan inspiración e instrucción para alcanzar un nivel superior de realización. Respeto y admiro profundamente a mis clientes y a mi público, y les hablo como iguales, no como su "gurú", supervisor de campamento o sargento instructor.

En este punto, es común que la gente diga: "Sí, Brendon, eso suena muy bien pero, hombre, tú y yo sabemos que los medios premian el impacto y la intimidación y al sargento instructor antes que al servidor silencioso". Lamentablemente, estoy de acuerdo. Pero también considero que podemos escoger qué juego jugamos en la vida con el fin de ser premiados y reconocidos. Personalmente, no creo que valga la pena actuar de una manera fingida o intimidar a otros solo para conseguir su interés o atención de los medios.

Comencemos a creer en nuestros clientes y a verlos con la misma admiración con que ellos nos ven. Si volvemos a respetar a nuestro público como se merece, recuperaremos para nuestra industria la reputación de ser honorables.

Y, además de hacerles honor, comencemos a esperar *más* de nuestros admiradores, seguidores y clientes. Este capítulo se ha centrado en esperar más de nosotros mismos como expertos pero ahora quiero hacer énfasis en esperar más de la *audiencia*.

No he podido determinar exactamente cuándo comenzó a suceder (aunque mis investigaciones y entrevistas señalan hacia mediados de la década de los noventa), pero hubo un cambio en la industria cuando repentinamente se *aceptó* y *reconoció informalmente* que nuestros clientes no estaban aplicando lo que les enseñábamos. Súbitamente se manifestó una actitud liberal con respecto a los resultados que nuestros clientes obtienen cuando aplican nuestros consejos, estrategias, procesos, sistemas, etc. La actitud era algo así como: "Bueno, no puedo controlar si aplican mi entrenamiento, así que... bien".

Esa actitud es tan dominante hoy día que ha producido toda una generación de expertos que hacen poco por establecer expectativas, retos, sistemas de responsabilidad o programas de seguimiento con sus clientes. Por su parte, los clientes de nuestra industria no están aplicando y obteniendo resultados lo que, a su vez, daña nuestra reputación una vez más. Ha llegado la hora de hacer un reajuste en esto también.

No pretendo tener todas las respuestas y, al igual que todos los demás, quiero que más clientes *usen* y apliquen mis programas. Como todos, ¡me agradaría mucho si más clientes *desempacaran* el libro o DVD que compraron!

Hablando seriamente, todos podemos iniciar el reajuste inmediatamente cambiando nuestro tono y verborrea con nuestros clientes. Podemos comenzar a decirles directamente que solo queremos estudiantes serios y que *esperamos* que actúen. Algunas veces el simple hecho de que alguien nos diga que podemos ser mejores puede hacer que cambiemos. Podemos inculcar el deseo y la motivación sin necesidad de ser sargentos instructores. Lo único que tenemos que hacer es ser más inspiradores y dar a nuestros clientes más herramientas, metas y seguimiento. Podemos decir cosas como la siguiente y hacerlo no como forma de mercadeo sino porque es cierto:

"Oiga, si usted es como muchos de nosotros, hay muy pocas personas en su vida que le exijan un alto parámetro de excelencia. La gente quiere protegerlo y mantenerlo seguro, y hace caso omiso si usted no se exige cada vez más. Pero nuestros caminos se han cruzado porque usted cree que es capaz de dar más, mucho más, y está buscando nuevas formas de alcanzar su mejor potencial en esta área. Así que hagamos un trato. Si usted realmente quiere tener éxito en esto y está verdaderamente dispuesto a aplicar lo que yo le enseñe, entonces comencemos. Pero nuestra industria está repleta de gente indecisa y gurús que venden y desaparecen. Así que hagamos un trato. Usted aplica esto y yo le haré seguimiento. Necesitamos más personas que actúen y si usted es uno de ellos, comencemos. Pero, si usted tan solo quiere "ensayar" mi producto y picotear en esta área, entonces tal vez deba consultar mi blog pero no convertirse en estudiante. Establezco parámetros altos a mis estudiantes y espero que usted los cumpla si se convierte en estudiante".

Tal vez eso suene feo y no sea el mejor argumento o estrategia de mercadeo. Es más fácil decir: "Oye, compra mis cosas y veremos si te acomodan". Pero es importante que nuestros programas inspiren a las personas a establecer estándares altos y aplicar nuestras ideas. Los cambios frecuentemente se dan cuando nos comunicamos de forma diferente con el mercado, así que esta es un área fácil de cambiar.

Personalmente, mortifico bastante a mis clientes si no hacen lo que dijeron que harían. Espero grandes cosas de ellos y de mí mismo. Procuro darles a mis clientes las listas, los ejemplos y los recursos necesarios para actuar. Pero, podría hacerlo mejor; creo que todos podemos. Hoy es el día para comenzar.

Un tributo

Soy terriblemente consciente de que al escribir un capítulo como este corro el riesgo de sonar pesimista y demasiado crítico hacia nuestra comunidad de expertos. Es probable que me ahorquen en más de un blog por ser demasiado audaz o engreído al hacer estas afirmaciones. Pero mi meta aquí no era ser negativo o irrespetuoso. Sé que no soy más que un actor secundario en el escenario histórico de esta industria y no escribí este capítulo para autoengrandecerme o señalar a nadie. Mi meta era aprovechar al máximo esta plataforma para ayudarle a liderar esta industria. Y, para liderar, todos debemos ser transparentes respecto a dónde estamos y cómo podemos mejorar. Hasta que no definamos lo que no funciona, no podremos servir a cabalidad a nuestros clientes o progresar en nuestras carreras y comunidad.

Dicho eso, hay cantidades de cosas que están *bien* en esta industria. Nuestro trabajo cambia para bien las vidas de las personas y eso es maravilloso. Nuestra comunidad es la más creativa, genial, considerada y generosa de todas las que conozco. Con gusto reto a cualquiera a encontrar otra industria que haya ayudado a tantas personas a tener una vida más activa, rica, feliz y significativa.

Espero que usted haya sentido mi felicidad, agradecimiento y entusiasmo por haber tenido la oportunidad de hacer una carrera como experto. Esta industria cambió radicalmente mi vida y ha cambiado millones de vidas antes de mí. Ahora debemos continuar el buen trabajo de nuestros antecesores y, al mismo tiempo, llevar nuestra industria a otro nivel. Espero que usted se una a nosotros.

Capítulo diez
CONFIAR EN SU VOZ

Hemos progresado bastante. Si he logrado cumplir con éxito la misión del experto, espero que usted se sienta inspirado e instruido sobre cómo mejorar su vida. Usted puede tener un impacto positivo y generar ingresos partiendo de lo que sabe. Sus consejos y experiencia de vida son más valiosos de lo que nunca imaginó. Usted puede hacer una verdadera carrera como experto empresario con tan solo posicionarse, empacar, promover y asociarse con otros para difundir su mensaje.

Usted puede hacerlo. Ha llegado el momento. Cuando comience a llegar a millones de personas y hacer millones de dólares, se habrá convertido en un verdadero Mensajero Millonario. Incluso si nunca llega a ese nivel, transmitir su mensaje a al público, no importa cuán numeroso sea, siempre será un acto significativo y el camino hacia un propósito y la plenitud de vida. Ser mentor de alguien es significativo, y servir a otros nos llena de satisfacción.

Si usted ha leído hasta acá, ya sabe más sobre esta carrera e industria de lo que sabía yo al comenzar. He ganado millones de dólares con estos conceptos y ayudado a millones de personas. Me encantaría saber lo que usted hará con todo esto. Usted tiene excelentes bases y una gran ventaja sobre la siguiente generación de gurús. De hecho, usted probablemente ya sabe más que la mayoría de los expertos en ejercicio hoy día, porque hasta ahora muy pocos han difundido sus mejores tácticas. Si durante su travesía se tropieza con futuros expertos u otros que estén en la lucha, por favor deles este libro o ayúdeles. Todos necesitamos ayudar y honrar a nuestros colegas mensajeros.

No sé por qué está usted leyéndome en este momento, pero me siento honrado de que nuestros senderos se hayan cruzado y de haber podido compartir con usted lo que he aprendido. Yo sigo aprendiendo. Los expertos siempre son estudiantes primero. Ha sido un gran placer escribir este libro para usted y nuestra comunidad.

Después de trabajar con decenas de miles de expertos y gurús en el mundo, tengo una idea de por qué usted llegó a estas páginas y encontró mi mensaje en este punto de su vida. Creo que usted está aquí porque en el fondo ha sentido la inquietud de compartir su mensaje con el mundo. Tal vez escogió este libro porque ya decidió compartir su historia de vida y experiencias con otros. O, tal vez, ya ha estado difundiendo su mensaje y estaba buscando nuevas ideas y estrategias para difundirlo más extensa y productivamente.

Cualquiera sea el motivo, creo que el hecho de que esté acá tiene una profunda relación con su mensaje para el mundo. Si eso es cierto, me gustaría relatar una historia más antes de despedirme.

Sobre Sarah

Sarah era mi alumna pero terminó siendo mi maestra. Cuando estaba haciendo mi posgrado, tuve la oportunidad de dictar unos cuantos cursos de oratoria. Estaba rebosante de entusiasmo por haber llegado a una posición en la que podría apoyar y educar estudiantes. Puse todo mi esfuerzo en esas clases, reinventando las formas en que se enseñaba la oratoria y enseñando con toda la pasión que sentía. Era nuevo y, ahora me doy cuenta, no tenía ni idea de lo que estaba haciendo. Igual, le dediqué todo y sentía que era una experiencia profundamente significativa.

Pero, como suele suceder con los nuevos maestros, hacia el final del primer año estaba agotado. Había asumido muchas cosas ese semestre y, repentinamente, ya no sentía que estuviera teniendo un impacto positivo en nadie. Entonces conocí a una estudiante tímida, reservada y retraída llamada Sarah.

Al principio del semestre, Sarah no parecía una estudiante con problemas. Asistía a todas las clases y llegaba a tiempo. Pero pronto se vio en problemas. Faltó a sus dos primeros discursos, simplemente no apareció los días que tenía asignados para hablar. Eso ya garantizaba que perdería el curso. A pesar de ello, incluso después de faltar en esas dos importantes fechas, siguió asistiendo puntualmente a clase. Intenté hablar con ella después de clase pero muchos estudiantes se acercaban a hacerme preguntas y Sarah siempre desaparecía silenciosamente del salón antes de que lograra hablarle.

Tres semanas antes de los exámenes finales, publiqué el calendario de discursos para la clase con las fechas correspondientes. El nombre de Sarah no aparecía en la lista… ella nunca había dado una charla y ya había perdido el curso, así que no la incluí. Pocos días después, mientras trabajaba con otro estudiante en mis horas de oficina, vi a Sarah entrar a la oficina con cara avergonzada. Se mordió las uñas y jugó con sus pies todo el tiempo que estuvo esperando a que yo terminara con el otro estudiante.

Cuando finalmente hablamos, me sorprendió con su solicitud:

—Brendon, quiero pronunciar mi discurso final.

Quedé asombrado. Sin entender sus intenciones —y peor aún, olvidando animarla— le dije:

—¿Por qué quieres hacerlo? Sabes que ya perdiste el curso, ¿verdad?

—Lo sé. Pero he asistido a todas las clases porque usted me inspira y pensé que, si seguía asistiendo, tal vez usted me ayudaría a ponerme de pie enfrente a todos. Creo que estoy lista. Quiero intentarlo ahora, Brendon. Usted me ha traído hasta acá; por favor, no dude de mí ahora. Quiero hacerlo por usted y por los otros. Tengo que hacerlo por *mí*.

Cuando ella dijo que yo la inspiraba, me sentí profundamente honrado por haberla ayudado. Saqué una copia del calendario de exámenes y programé a Sarah para el último día. Ella observó su nombre en el calendario y, cuando levantó la vista, había lágrimas en sus ojos. Murmuró un agradecimiento y abandonó la oficina.

Pasamos el día siguiente hablando sobre lo que quería lograr y lo que me gustaría que hiciera. Sería una preparación relámpago de dos semanas, pero le dije que estaba seguro de que lo lograría —sin haberla oído hablar en público jamás. Nos seguimos viendo en días alternos. Pasé más de la mitad de ese tiempo asegurándole que podía hacerlo y entrenándola para enfrentar sus temores. Cuando su fe se debilitaba, yo hacía todo lo posible para fortalecerla dándole esperanza y ánimo. Cuando perdía totalmente la fe, le citaba este pasaje de Elisabeth Kübler-Ross:

> Cuando llegas al borde de toda la luz que conoces y estás a punto de dar un paso en la oscuridad de lo desconocido, la fe es saber que sucederá una de estas cosas: habrá algo sólido para poner los pies o te enseñarán a volar.

Le hice saber a Sarah que si sus palabras tropezaban, ella encontraría otra frase para ponerse en pie o, de alguna forma en ese insoportable momento de incertidumbre, ella recibiría las palabras correctas. Encontraría su voz *activando* su voz. Tras dos semanas de entrenamiento, yo realmente no sabía si se presentaría el día de su discurso.

Pero Sarah sí se presentó. Al acercarse al estrado, más de la mitad de los estudiantes voltearon a mirarme con una pregunta en sus rostros: "¿Realmente va a hacerlo? Sarah habló durante diez minutos. En la mitad de su discurso, pareció perder el hilo durante unos segundos: por la expresión de su rostro, fue una dolorosa eternidad para ella. Siguió de pie allí, en silencio, sus aterrorizados ojos como los de un venado ante los reflectores. Quería darle ánimo pero las palabras no me salían: estaba tan asustado como ella en ese momento.

Entonces una de sus compañeras le habló suavemente: "Ya lo lograste, Sarah, está bien". Sus palabras no parecieron alcanzar a Sarah; estaba demasiado retraída en su pavorosa pesadilla. Pero otros comenzaron a animarla. "Puedes hacerlo, Sarah"; "solo sigue hablando", "solo habla Sarah; te queremos". Ante eso, Sarah finalmente parpadeó un par de veces. Miró alrededor del salón como si acabara de despertar de un coma, incrédula al encontrar a todos esos amorosos visitantes.

Más personas se unieron a las palabras de aliento y, en una bella muestra de agradecimiento, Sarah repetía las palabras de apoyo mientras miraba fijamente el estrado. El público parecía estar enviándole una ola de entusiasmo y apoyo, y más de una estudiante dejó correr alguna lágrima. Yo también. Y, luego… Sarah habló. Levantó el rostro, sonrió, nos dio las gracias y continuó. Si recuerdo correctamente, se suponía que debía hablar durante veinte minutos. Habló cuarenta. ¡Supongo que no había hablado en toda su vida y tenía muchísimo que decir!

Si la hubiera calificado normalmente, supongo que habría sacado un C- por la información, la estructura y la presentación. Pero, cuando terminó, el *corazón* y el heroísmo habían triunfado y todo el curso respondió con un estruendoso aplauso como si hubiese dado el más conmovedor discurso de la historia. Ella sonrió y retornó a su lugar. Los estudiantes seguían aplaudiendo, gritando y felicitándola. Una amiga, rebosando de orgullo, exclamó: "*Lo lograste,* Sarah", y le dio un gran abrazo. Cuando Sarah se sentó, todo el curso se puso de pie y la aplaudió una vez más. Todos estaban entusiasmados y, cuando la clase terminó, muchos se acercaron a Sarah para alabar su inspiradora actuación.

Cuando todos abandonaron el salón y yo estaba recogiendo las carpetas, vi a Sarah sola de pie en la puerta. Había lágrimas en sus ojos. Lo que me dijo a continuación fueron las palabras más maravillosas que he oído en mi vida y me confirmaron por qué ayudamos a otros. Tratando de no llorar y dominar las abrumadoras emociones que debía sentir, Sarah murmuró antes de salir: "Gracias, Brendon. Nadie me dijo nunca que mi voz es importante. Usted es la única persona que me ha dicho que tengo potencial".

***

Henry David Thoreau escribió que "la mayoría de los hombres viven vidas de silenciosa desesperación". Yo considero que la desesperación ya no es tan silenciosa. Si usted oye noticias, si está al tanto de lo que sucede en su comunidad y oye a sus familiares, amigos y vecinos, apuesto a que oirá un estruendoso grito pidiendo ayuda. Las personas buscan desesperadamente hacer escuchar su voz en el mundo y alcanzar todo su potencial. Están hambrientos de nuevas ideas y estrategias para mejorar sus vidas profesionales y personales. Están ansiosos por recibir orientación y no pueden creerlo cuando alguien les da una palabra amable o ayuda. Usted puede ser quien sorprenda a esos seres humanos. De eso se trata este mensaje.

Casi una década después de que Sarah abandonara mi clase, regresé a mi alma mater a visitar a un amigo. Mientras estuve en la ciudad, me encontré a algunos de los antiguos alumnos que fueron parte de ese mágico día. Para mi absoluta sorpresa e incredulidad, no todos recordaban el momento con el mismo grado de alegría y detalle que yo. De hecho, dos de ellos a duras penas recordaban nada. Hacer oír su voz no había cambiado la vida de todos aunque hubiera cambiado la mía y, con absoluta seguridad, la de Sarah. Esta observación puede sonar algo deprimente o como una triste forma de terminar la historia pero hay lecciones muy importantes que espero transmitirle al contarle estas cosas.

Primero, regreso a ese momento y concluyo: aunque usted sienta miedo de hacer oír su voz en el mundo, el público es frecuentemente más receptivo y solidario de lo que uno imagina.

Para Sarah, hacer oír su voz era algo aterrador. Necesitó que la convencieran y entrenaran para expresarse a sí misma y sus ideas. Para ella fue un esfuerzo monumental. Pero, para el resto del mundo, no fue nada especial. El público desconoce sus preparativos, su investigación, el duro trabajo y sudor invertido para lograrlo. Ellos solo admiran y honran el hecho de que usted haga oír su voz. Su apoyo y aprecio es casi automático porque es parte de la naturaleza humana admirar el acto heroico de autoexpresión.

Usted tal vez se identifique con esto. Ahora que posee todo el conocimiento que le he dado en este libro, la verdad es que la única barrera que aún existe para transmitir su mensaje es el miedo. Cuando llegue el momento usted puede temer que nadie lo escuche. Pero sí lo harán. El público siempre escucha. Puedo decirle a ciencia cierta que el público del mundo entero —ya sea que lo lean, lo escuchen o lo vean en video o en el escenario— tiene el mismo deseo. Quieren algo de *valor* y, cuando usted les da eso, ellos lo apoyan, lo siguen, le compran y le rinden honores. Puede consolarse con el hecho de que casi en todo el mundo la autoexpresión es vista como un acto artístico, casi heroico. Cuando ese acto de autoexpresión busca ayudar a otros, es visto como un acto generoso y de servicio. Créame, la gente lo admirará y apreciará por hacer oír su voz y compartir su sabiduría con otros.

La historia de Sarah también me recuerda que no importa cuán intensamente lo intentemos, no siempre lograremos conmover a todo nuestro público. No todos los que se escuchen nuestro mensaje experimentarán una transformación de vida. No todos lo sentirán así. No todos nos recordarán años después. Pero eso es solo una repetición de la frase "cuando el estudiante está listo, el maestro aparece". Usted afectará a aquellos que están listos. Confíe en ello.

Aunque algunos de los estudiantes no recordaban aquel día mágico en que Sarah habló, eso no importa mucho. Las personas tienen pésima memoria y, lo que importa es que en ese momento ella salió adelante y ellos la admiraron y apoyaron. Para Sarah fue una experiencia profundamente significativa. Imaginen el momento en que una niña tímida finalmente liberó su voz y recibió un gran aplauso. Ese día me conmovió a mí y a todos sus compañeros.

Una antigua estudiante con la que me encontré durante esa visita a mi alma mater sí se acordaba. Me dijo: "Ese día aprendí que hacer oír nuestra voz es un acto de valentía. Podemos ayudar a la gente si nos expresamos y compartimos. Desde ese día he tratado de ser valiente".

Yo aún recuerdo ese día en clase como si fuera ayer. Aún estoy orgulloso de Sarah. Aún me siento honrado por haber sido parte de su historia.

Espero que al escribir *El mensajero millonario* me haya convertido en parte de *su* historia. Espero que se haya sentido inspirado para alzar su voz y que siga haciéndolo toda su vida. En su viaje hacia ese destino, espero que —como en el caso de Sarah— su mensaje llegue a oídos solidarios. Y le pido que cuando vea a otros colegas mensajeros en el acto heroico de difundir su mensaje y enseñar, los apoye. Los anime. Les diga que su mensaje y su misión son importantes. Todos debemos celebrar a aquellos que buscan servir a otros con sus consejos y experiencia de vida.

Estoy convencido de que es en el acto de expresarse y expresar lo que sabe que uno se encuentra a sí mismo. Hacer oír su voz es importante para crecer como ser humano, y es importante para contribuir plenamente a la sociedad. Su alma se ilumina cuando le ayuda a otros a acercarse a sus metas. La única duda ahora es si para usted son tan importantes su crecimiento, su contribución y su público como para sobreponerse a sus temores. Usted está en el escenario del mundo todos los días y en todo momento. ¿Cómo se mostrará? ¿Alzará su voz? ¿Qué dirá? ¿Cómo servirá a otros?

Nuestro mundo está en un momento de confusión y transición. Nos sentimos confundidos porque experimentamos cambios rápidos y exigentes en casi todas las facetas de nuestra vida. Las personas del mundo entero se sienten inseguras de cómo enfrentar los cambios que están experimentando en su vida personal y profesional. No saben qué hacer y no saben a quién recurrir en busca de ayuda. Se sienten perdidos en esa locura, no saben cómo encontrar su lugar y su potencial. Esa inseguridad ha llevado a una cautela que les impide progresar. La agitación aumenta porque parece haber pocos modelos de conducta disponibles para ayudar a las personas a lidiar con los restos, entenderlos y avanzar.

También vivimos una época de transición. Toda una generación está dándose cuenta de que debe haber algo más en la vida que matarse trabajando. Decenas de millones están siendo despedidas o se retiran, y todos buscan nuevas oportunidades. Todo el mundo busca crear más, dar más, involucrarse más, crecer más y relacionarse más. Están explorando su mundo y, libres de las ataduras de la tradición, están buscando nuevos caminos para desarrollar su potencial. Están hambrientos de orientación e inspiración. Nunca antes tantos habían necesitado ideas y consejo para la siguiente etapa de sus vidas, carreras o negocios.

Es en estos momentos de confusión y transición cuando los expertos se destacan. Tenemos la oportunidad de hacer oír nuestra voz y brindar nuestra sabiduría, y dirigir a otros hacia un futuro mejor para ellos y para todos nosotros. Es el momento de liderar y servir. En medio del miedo y la agitación en el mundo, podemos ser la luz que señala el camino.

Este es *su* momento. Hoy es el día escogido para que usted sea un faro de esperanza y ayuda para otros: brille. Transmita su mensaje. Tenga un impacto positivo.

Hasta pronto, experto.

Brendon

AGRADECIMIENTOS

Sigo estando profundamente agradecido por el *ticket* de la vida: la segunda oportunidad que Dios me dio. Vivo cada día para ser merecedor de esa bendición y, en mis esfuerzos por vivir plenamente, amar abiertamente y tener un impacto positivo, vivo agradecido por su amor y permanente orientación.

Este libro está dedicado a mi padre, Mel Burchard. Te perdimos demasiado pronto, papá, pero tuvimos la bendición de tenerte. Te amo y te extraño todos los días. Tu luz me guiará toda la vida: "Sé tú mismo. Sé honesto. Da lo mejor de ti. Cuida a tu familia. Trata respetuosamente a las personas. Sé un buen ciudadano. Haz realidad tus sueños".

A mamá, David, Bryan y Helen, los quiero a todos. No estaría aquí hoy sin su amor, fe, amistad y apoyo. Estoy muy orgulloso de ustedes por ser quiénes son y cuidar tanto de nuestra familia. Siguen inspirándome para ser un buen hombre. Mamá, siempre cuidaremos de ti.

Para mi rayo de luz, Denise. Siempre has creído en mí y siempre has luchado junto a mí sin dudarlo. ¿Te imaginas lo lejos que hemos llegado? Sigues iluminando mi mundo y eres la persona más amable y admirable que he conocido. Vivo sobrecogido por el amor que compartimos.

Al grupo de amigos que se han mantenido en contacto y en mi vida a pesar de mis horarios demenciales y mi pereza para devolver llamadas o correos electrónicos cuando estoy de viaje. Por una vida de amistad, los amo: Jason Sorenson, Gwenda Houston, Dave Ries, Adam Standiford, Ryan Grepper, Steve Roberts, Jesse Brunner, Matt y Mark Hiesterman, Jeff Buszmann, Jessy Villano Falk, Brian Simonson, Dave Smith, Nick Dedominic, Jenny Owens, Dana Fetrow, Phil Bernard y Stephan y Mira Blendstrup.

A la primera experta verdadera que conocí en la vida, mi profesora de periodismo en la secundaria, Linda Ballew. Si no fuera por usted, nunca habría desarrollado el amor por la escritura, la investigación, el reportaje y la difusión de mensajes importantes. Tuve suerte y me siento honrado de haber sido su alumno.

A mis amigos y ex colegas en Accenture que me enseñaron sobre los negocios, la excelencia y el profesionalismo. Los aprecio mucho. Un agradecimiento especial a Jenny Chan, Mary Bartlett, Teri Babcock y Janet Hoffman, que me ayudaron a seguir mi propio sendero y encontrar el tiempo para escribir mi primera novela en 2004.

Gracias a Scott Hoffman, el mejor agente en esta industria. Sin usted y Roger Freet de HarperOne, *El ticket de la vida* nunca habría salido a la luz y esta loca travesía no habría sido tan satisfactoria y exitosa. Ustedes me convencieron de que mi siguiente paso debía ser un libro sobre el mensaje de Experts Academy y tenían razón. Gracias por creer en mí.

Mi historia de convertirme en un experto comenzó por aprender de estos increíbles maestros durante los meses y años posteriores a mi accidente de tránsito, cuando tenía diecinueve años: Tony Robbins, Paulo Coehlo, James Redfield, Brian Tracy, Stephen Covey, Mark Victor Hansen, Jack Canfield, John Gray, Wayne Dyer, Debbie Ford, Benjamin Hoff, Og Mandino, Marianne Williamson, John Gottman, Nathaniel Branden, Phillip McGraw, Mitch Albom, Les Brown, Deepak Chopra, David Bach y otras leyendas vivas y difuntas. Me honra contar ahora a muchos de ustedes entre mis amigos y colegas. Su voz y sabiduría me inspiraron en un momento crítico de mi vida y sembraron la semilla de este libro. Soy consciente de que ando sobre los hombros de gigantes y estaré siempre agradecido por su orientación y amistad.

Tony Robbins merece especial crédito aquí por inspirarme a cambiar dramáticamente la calidad de mi vida después del accidente. Antes de que nadie se refiriera a esto como una industria, él ya lideraba el camino. Gracias, Tony, por todo.

En años recientes, muchos de estos expertos compartieron conmigo invaluables lecciones de vida e ideas de mercadeo, apoyo o entrenamientos que me ayudaron a difundir mi mensaje a lo largo y ancho: Rick Frishman, Steve y Bill Harrison, Jeff Walker, Jim Kwik, Frank Kern, Bill Harris, Srikumar Rao, Eben Pagan, Jay Abraham, Jeff Johnson, Mike Koenigs, Seth Godin, Andy Jenkins, Joe Polish, Ryan Deiss, Tim Ferriss, Yanik Silver, Roger Love, Mike Filsaime, Paul Colligan, Brad Fallon, Garrett Gunderson, Richard Rossi, Trey Smith, Dean Graziosi, Jay Conrad Levinson, David

Hancock, Darren Hardy, Daniel Amen, Ken Kleinberg, Bo Eason, Chris Atwood, Tellman Knudson, Randy Garn, Tony Hsieh, T. Harv Eker, Dean Jackson, Brian Kurtz, Rich Schefren, Brian Johnson, Armand Morin, John Carlton, Vishen Lakhiani, Don Crowther, Jason Van Orden, Jason Deitch, Dan Sullivan, John Assaraf, Paula Abdul. Gracias a todos.

Es imposible enumerar a todos los que me han ayudado a difundir mi mensaje, así que pido disculpas a todos mis partidarios, afiliados, admiradores y amigos que no aparecen nombrados aquí. Les estoy agradecido.

Nada de lo que hago hoy día sería posible sin un equipo excepcional. Jenni Robbins, eres el epítome de la excelencia y la más talentosa, detallista, eficiente, colaboradora y sobresaliente profesional y amiga que he conocido. *Tú eres* el Grupo Burchard. Al resto del equipo que me mantiene andando y amplifica mi trabajo con su brillantez, muchas gracias: Denise McIntyre, Kristy Guthrie, Travis Shields, Shawn Royster, John Josepho, Mel Abraham, Roberto Secades y Tom Dewar. Gracias también a nuestros innumerables, increíbles y dedicados voluntarios que dan vida a nuestros eventos e inspiran a nuestros clientes.

Finalmente, a mis actuales y futuros colegas en la comunidad de expertos: me honra formar parte de sus filas. Esta es una industria de personas brillantes y compasivas que inspiran e instruyen a otros con sus consejos y conocimientos. A todos: están haciendo un trabajo muy importante. Nunca desistan.

SOBRE EL AUTOR

Brendon Burchard es el fundador de Experts Academy y autor del éxito de ventas *El ticket de tu vida*. Es uno de los principales entrenadores empresariales y motivacionales del mundo.

Brendon tuvo la fortuna de recibir el *ticket* de la vida —una segunda oportunidad— tras sobrevivir a un dramático accidente de carretera en República Dominicana. Desde entonces ha dedicado su vida a ayudar a otros a encontrar sus voces, vivir más plenamente y seguir sus sueños. Fundó Experts Academy y escribió *El mensajero millonario* para enseñar a los expertos en cierne cómo tener mayor impacto, influencia e ingresos al difundir sus mensajes y construir sus negocios.

Siendo un millonario e influyente experto, Brendon inspira a más de dos millones de personas cada año con sus libros, boletines, productos y presentaciones. Ha aparecido en *ABC World News,* NPR, *Oprah and Friends,* y en el escenario con el Dalai Lama, Sir Richard Branson, Stephen Covey, Tony Robbins, Deepak Chopra, Marianne Williamson, John Gray, Keith Ferrazzi, T. Harv Eker, Tony Hsieh, David Bach, Jack Canfield y otros líderes y leyendas de la industria de expertos. Entre sus clientes se cuentan las mayores compañías y empresas sin fines de lucro del mundo, así como miles de ejecutivos y empresarios del mundo entero que asisten a sus conferencias y seminarios. Entre los famosos seminarios de Brendon están: Experts Academy, High Performance Academy (Academia de Alto Rendimiento), Partnership Seminar (Seminario de Sociedades) y World's Greatest Speaker Training (Entrenamiento para Mejor Orador del Mundo).

Conozca a Brendon y reciba asesoría experta gratuitamente en

www.BrendonBurchard.com